Arbeitszeugnisse

Entschlüsseln und
mitgestalten

Anne Backer

4. Auflage

Bibliografische Information der Deutschen Bibliothek
Die Deutsche Bibliothek verzeichnet diese Publikation in der Deutschen
Nationalbibliografie; detaillierte bibliografische Daten sind im Internet
über http://dnb.ddb.de abrufbar.

978-3-448-07283-9
Bestell-Nr. 00665-0004

1. Auflage 2000 (ISBN 86027-175-X)
2., Auflage 2002 (ISBN 3-448-04983-2)
3., aktualisierte Auflage 2004 (ISBN 3-448-06181-6)
4., aktualisierte Auflage 2007

© 2007, Rudolf Haufe Verlag GmbH & Co. KG,
Niederlassung Planegg/München
Postanschrift: Postfach, 82142 Planegg
Hausanschrift: Fraunhoferstraße 5, 82152 Planegg
Fon (0 89) 8 95 17- 0, Fax (0 89) 8 95 17-2 50
E-Mail: online@haufe.de
Internet: www.haufe.de
Lektorat: Dr. Ilonka Kunow, Gisela Fichtl
Redaktion: Jürgen Fischer
Redaktionsassistenz: Christine Rüber

Alle Rechte, auch die des auszugsweisen Nachdrucks, der fotomechanischen
Wiedergabe (einschließlich Mikrokopie) sowie der Auswertung durch Daten-
banken oder ähnliche Einrichtungen vorbehalten.

Satz + Layout: albin fendt S6-media, 82152 Planegg
Umschlaggestaltung: Agentur Buttgereit & Heidenreich, 45721 Haltern am See
Cartoons: Baaske Cartoon-Agentur, München: Martin Guhl, Hennes Morris,
Thomas Plassmann, Karl Gerd Striepecke.
Druck: freiburger graphische betriebe, 79108 Freiburg

Zur Herstellung der Bücher wird nur alterungsbeständiges Papier verwendet.

TaschenGuides – alles, was Sie wissen müssen

Für alle, die wenig Zeit haben und erfahren wollen, worauf es ankommt. Für Einsteiger und für Profis, die ihre Kenntnisse rasch auffrischen wollen.

Sie sparen Zeit und können das Wissen effizient umsetzen:

Kompetente Autoren erklären jedes Thema aktuell, leicht verständlich und praxisnah.

In der Gliederung finden Sie die wichtigsten Fragen und Probleme aus der Praxis.

Das übersichtliche Layout ermöglicht es Ihnen sich rasch zu orientieren.

Anleitungen „Schritt für Schritt", Checklisten und hilfreiche Tipps bieten Ihnen das nötige Werkzeug für Ihre Arbeit.

Als Schnelleinstieg die geeignete Arbeitsbasis für Gruppen in Organisationen und Betrieben.

Ihre Meinung interessiert uns! Mailen Sie einfach unter online@haufe.de an die TaschenGuide-Redaktion. Wir freuen uns auf Ihre Anregungen.

Inhalt

6	■ **Vorwort**
7	■ **Das Arbeitszeugnis – die Eintrittskarte für Ihre Karriere**
8	■ Weshalb ist Ihr Arbeitszeugnis so wichtig?
11	■ Die Zeugnissprache will gelernt sein
14	■ Schon der äußere Eindruck zählt
19	■ **Wie Sie Ihr Zeugnis richtig prüfen**
20	■ Worauf es beim einfachen Arbeitszeugnis ankommt
24	■ Das qualifizierte Zeugnis – die Beurteilung macht's
65	■ Besonderheiten beim Zeugnis für Führungskräfte
72	■ Was Sie beim Zwischenzeugnis beachten müssen
75	■ Was ins Ausbildungszeugnis gehört
76	■ Was nicht im Zeugnis stehen darf
78	■ Geheimcode und Geheimzeichen in Zeugnissen

Rechtliche Grundlagen für das Zeugnis	■	83
Die meistgestellten Fragen	■	84
Wer hat Anspruch auf ein Zeugnis?	■	87
Welche Termine Sie beachten müssen	■	91
Was tun, wenn es Probleme mit dem Zeugnis gibt?	■	93
Was Sie beim Arbeitsgericht erreichen können	■	95
Wie Sie einen arbeitsrechtlich versierten Anwalt finden	■	99
Anhang	■	103
Das Arbeitszeugnis und seine Noten	■	104
Zeugnismuster	■	111
Die Paragraphen im Streit ums Zeugnis	■	122
Literatur	■	124
Stichwortverzeichnis	■	125

Vorwort

Ein Arbeitszeugnis hat eine immense Bedeutung für Ihre berufliche Entwicklung. Es ist sozusagen die Visitenkarte für Ihre Bewerbung bei einem neuen Arbeitgeber.

Schlampig geschriebene oder falsch formulierte Arbeitszeugnisse können Ihre berufliche Entwicklung daher äußerst negativ beeinflussen. Fehlende oder negative Zeugnisse sind zwar in der Regel nicht karrierebeendend, wohl aber karrierehemmend. Das bedeutet, dass Sie ein erhaltenes Arbeitszeugnis sofort prüfen und, falls notwendig, unverzüglich seine Berichtigung oder Verbesserung verlangen sollten.

Dieser TaschenGuide bietet Ihnen eine praktische Hilfestellung bei der Analyse Ihres Arbeitszeugnisses. Sie finden eine Antwort auf alle wichtigen Fragen und erfahren, wie Sie Ihr Arbeitszeugnis richtig deuten und wie Sie am besten vorgehen, wenn es Probleme gibt.

Anne Backer, Rechtsanwältin

Das Arbeitszeugnis – die Eintrittskarte für Ihre Karriere

Gute Zeugnisse sind die halbe Miete für Ihr Bewerbungsgespräch. Dabei kommt es auf die richtigen Formulierungen, aber auch den äußeren Eindruck an.

Weshalb ist Ihr Arbeitszeugnis so wichtig?

Der halbe Weg zum Bewerbungsgespräch

In einer Zeit hoher Arbeitslosigkeit liegen manchmal zwischen 100 und 200 Bewerbungen auf eine Stelle im Auswahlverfahren vor. Wenn Sie heute die Stelle wechseln wollen, brauchen Sie ein gutes Arbeitszeugnis. Es ist für Sie

- ein zentraler Bestandteil Ihrer Bewerbungsunterlagen,
- der Nachweis über die Art und Dauer Ihrer Tätigkeit,
- die Beurteilung Ihrer Tätigkeit und Ihrer Persönlichkeit
- und somit eine wichtige Unterlage für Ihr persönliches Weiterkommen.

Die Personalchefs müssen sich, besonders wenn sehr viele Bewerbungen vorliegen, schnell ein Bild von den Bewerbern machen. Das Arbeitszeugnis ist für Ihren neuen Arbeitgeber eine wichtige Grundlage, mit der er sich eine Meinung über Sie bilden kann. Der potenzielle Arbeitgeber kennt Sie in der Regel nicht persönlich und muss versuchen, sich anhand Ihrer Bewerbungsunterlagen darüber klar zu werden, ob Sie der geeignete neue Mitarbeiter sind. In Ihren Arbeitszeugnissen findet er Angaben darüber, was Sie auf Ihrer letzten und in früheren Arbeitsstellen geleistet haben, welche Tätigkeiten Sie verrichtet haben und – im qualifizierten Arbeitszeugnis – wie Ihr früherer Arbeitgeber Ihre Leistungen und Ihr Verhalten beurteilt.

Wie Sie sich vorstellen können, kommt also dem Arbeitszeugnis – neben Anschreiben und Lebenslauf – ein hoher Stellenwert als Informationsquelle für die Auswahl des geeigneten Bewerbers zu. Häufig können hier schon ganz bestimmte Formulierungen an entscheidenden Stellen des Zeugnisses die Entscheidung beeinflussen. Sind in einem Arbeitszeugnis etwa bestimmte Warnhinweise enthalten, wird dies ein geschulter Personalverantwortlicher schnell erkennen und entsprechend beurteilen – und der Bewerber fliegt schon bei der Vorauswahl aus dem Rennen.

Hoffen Sie nicht darauf, dass Negativpunkte in Ihrem Zeugnis keinem auffallen. Prüfen Sie nach Erhalt Ihres Arbeitszeugnisses dieses umgehend und gehen Sie rechtzeitig gegen unrichtige Bewertungen vor. Schon eine kritische Andeutung in Ihrem Arbeitszeugnis kann Ihre Bewerbungschancen drastisch senken. Auch die jährlich steigenden Zeugnisklagen vor den Arbeitsgerichten bestätigen die zunehmende Bedeutung des Arbeitszeugnisses.

Je höherrangig die Stelle, desto wichtiger das Arbeitszeugnis

Je länger Sie als Arbeitnehmer im Berufsleben stehen, desto mehr treten Ihre Schul- und Ausbildungszeugnisse in den Hintergrund und umso wichtiger werden Ihre Arbeitszeugnisse. Hervorragende Abschlussnoten können also ein ungünstiges Zeugnis von Ihrem letzten Arbeitgeber nicht unbedingt ausgleichen.

Die Bedeutung, die einem Arbeitszeugnis zukommt, ist außerdem umso größer, je höherrangig die zu besetzende Stelle ist.

Das letzte Zeugnis ist sicher das wichtigste für Ihre Bewerbung; dennoch verlieren frühere Arbeitszeugnisse dadurch keineswegs ihre Bedeutung. Wenn Ihnen aufgrund Ihrer längeren Berufsausübung bereits mehrere Zeugnisse vorliegen, dann können – falls ein Ausrutscher beim Berufseinstieg vorliegt – später erteilte gute Arbeitszeugnisse eine negative Beurteilung zwar tendenziell relativieren. Ganz aus der Welt ist das negative Zeugnis jedoch auf gar keinen Fall.

Welche Arten von Arbeitszeugnissen gibt es?

Wie oben schon angedeutet, gibt es zwei Zeugnisarten: das einfache und das qualifizierte Arbeitszeugnis. Auch das Zwischenzeugnis und das Ausbildungszeugnis fallen unter den Begriff des Arbeitszeugnisses.

- Beim einfachen Zeugnis wird nur die Art und die Dauer des Beschäftigungsverhältnisses bestätigt.

- Das qualifizierte Zeugnis enthält zusätzlich zu den Angaben über die Art und Dauer eine Beurteilung der Arbeitsleistung und des Verhaltens während des Beschäftigungsverhältnisses. Wie Sie sich vorstellen können, ist es diese Beurteilung, die einen neuen Arbeitgeber besonders interessiert. Da er Sie nicht kennt, versucht er sich auch durch die Analyse Ihres qualifizierten Zeugnisses ein Bild von

Ihren Leistungen und Ihrem Arbeitsverhalten zu verschaffen.

Wenn Sie nur ein einfaches Zeugnis vorlegen, kommt das normalerweise nicht gut an. Der neue Arbeitgeber vermutet dann in der Regel, Ihr qualifiziertes Zeugnis sei so schlecht, dass Sie allen Grund haben, es besser nicht vorzulegen. Entsprechend seiner herausragenden Bedeutung steht das qualifizierte Zeugnis im Mittelpunkt dieses TaschenGuides.

■ Das Zwischenzeugnis entspricht vom Inhalt her dem Endzeugnis mit dem Unterschied, dass das Beschäftigungsverhältnis noch fortbesteht.

Vom Arbeitszeugnis zu unterscheiden ist die für das Arbeitsamt ausgestellte Arbeitsbescheinigung. Diese Arbeitsbescheinigung ist kein Arbeitszeugnis.

Die Zeugnissprache will gelernt sein

Wenn Sie Ihr (qualifiziertes) Arbeitszeugnis unbefangen lesen, werden Sie auf den ersten Blick fast immer glauben, dass alles doch recht positiv klingt. Doch Vorsicht! Oft sind hinter vielen Formulierungen, die so positiv scheinen, außerordentlich negative Aussagen versteckt. Denn die Zeugnissprache verfügt über einen ganz eigenen Code. Dies bedeutet, dass viele Formulierungen nicht wörtlich zu verstehen sind, sondern eine ganz spezielle Bedeutung haben. Die Grundzüge dieser Zeugnissprache sollten Sie kennen, damit Sie Ihr Zeugnis richtig lesen und beurteilen und Ihren Arbeitgeber auf nachteilige oder falsche Formulierungen hinweisen können.

Beispiel

Ein Arbeitgeber stellt seinem Mitarbeiter ein seiner Ansicht nach hervorragendes Zeugnis aus. Der Mitarbeiter jedoch ist überhaupt nicht zufrieden – und er hat allen Grund sich aufzuregen: Denn der Arbeitgeber hat von der Erstellung eines Arbeitszeugnisses keine Ahnung, er hat einfach munter drauflos geschrieben. Ohne es zu wissen und zu wollen, hat er ein sehr schlechtes Zeugnis ausgestellt, da er wichtige Aussagen weggelassen und Formulierungen verwendet hat, die ein Kenner der Materie negativ deutet.

Das „wohlwollende" Zeugnis und die Zeugniswahrheit

Bei der Formulierung eines Arbeitszeugnisses hat der ausstellende Arbeitgeber einen Beurteilungsspielraum. Dieser Spielraum ist bei der Beschreibung der Tätigkeit weniger groß als bei der Beurteilung der Leistungen und des Verhaltens des Arbeitnehmers. Nach der Rechtsprechung ist der Arbeitgeber bei der Ausstellung eines Arbeitszeugnisses verpflichtet, ein

1 wahres und

2 gleichzeitig wohlwollendes Zeugnis

auszustellen, welches die weitere berufliche Entwicklung des Arbeitnehmers nicht unnötig erschwert.

Das ausgestellte Zeugnis muss also zunächst einmal sachlich richtig sein. Der Arbeitgeber muss Ihre Leistungen objektiv beurteilen und darf keine überzogenen Erwartungen als Maßstab anlegen. Einmalige negative Vorkommnisse darf er nicht überbewerten.

Das Zeugnis soll jedoch auch wohlwollend sein. Das kann natürlich zu einem Konflikt mit dem Anspruch der Wahrheit führen. Aber letztendlich hat das Gebot der Wahrheit hier den Vorrang. Wird ein nachfolgender Arbeitgeber dadurch geschädigt, dass der Arbeitgeber ein unrichtiges Zeugnis ausgestellt hat, kann dies dazu führen, dass der bisherige Arbeitgeber dem neuen Arbeitgeber den entstandenen Schaden ersetzen muss.

Beispiel
Kritisch wäre etwa, wenn ein Buchhalter in einem großen Umfang Unterschlagungen begangen hat, im Zeugnis aber als ehrlicher und zuverlässiger Mitarbeiter beurteilt wird. Bekommt dieser Buchhalter aufgrund dieses tadellosen Zeugnisses wieder eine Stelle als Buchhalter und unterschlägt er auch hier wieder Gelder, so kann der nachfolgende Arbeitgeber vom Zeugnisersteller unter Umständen den Ersatz des entstandenen Schadens verlangen.

Es kommt auf die Formulierung an

Dass das Zeugnis wahr *und* wohlwollend sein soll, hat nun dazu geführt, dass Arbeitszeugnisse normalerweise nur noch positiv formuliert sind und Negatives unerwähnt bleibt. Damit alles positiv klingt, hat sich auch eine Art Geheimsprache entwickelt, die kundige Personalverantwortliche aber durchaus zu deuten wissen. Mit Hilfe verschiedener Formulierungstechniken, wie z. B. der Leerstellen-, der Reihenfolgen- oder der Ausweichtechnik, werden negative Formulierungen vermieden, aber trotzdem eine negative Beurteilung erteilt.

So wird mit der Reihenfolgentechnik eine Abwertung dadurch vorgenommen, dass unwichtige Aussagen vor wichtige Aussagen gesetzt werden. Wenn zum Beispiel ein Arbeitgeber in der Verhaltensbeurteilung schreibt: „Sein Verhalten zu Arbeitskollegen, Vorgesetzten und Mitarbeitern war vorbildlich", dann teilt er mit, dass es Probleme mit dem Vorgesetzten gab. Hätte er den Vorgesetzten zuerst genannt, dann wäre alles in Ordnung gewesen. Dass die richtige Deutung eines Arbeitszeugnisses dadurch manchmal etwas schwierig gerät, können Sie sich sicher vorstellen. Weiter unten werden Sie mehr zu diesen Techniken erfahren.

Schon der äußere Eindruck zählt

Wenn Sie Ihr Arbeitszeugnis prüfen, müssen Sie auf eine ganze Menge inhaltlicher Punkte achten: nicht nur darauf, dass

- es wahr und
- wohlwollend ist,

sondern auch, dass

- Ihr Arbeitszeugnis vollständig ist, also zu allen wichtigen Beurteilungspunkten auch Aussagen gemacht werden,
- Ihr Arbeitszeugnis keine Geheimzeichen enthält
- und Ihr Arbeitszeugnis richtig aufgebaut ist.

Diese inhaltliche Prüfung ist natürlich sehr wichtig. Doch beginnen Sie bei der Prüfung am besten zunächst mit der Frage nach dem Gesamteindruck. Beurteilen Sie Ihr Arbeitszeugnis also nicht nur aufgrund einzelner Aussagen oder der Beurteilung Ihrer Leistungen und Ihres persönlichen Verhaltens. Sehen Sie es in seiner Gesamtheit.

Achten Sie auf den Gesamteindruck

Wenn Sie Ihr Zeugnis vor sich liegen haben und es anschauen, wie wirkt es auf Sie? Welchen ersten Eindruck macht es?

Ein mit Schreibfehlern übersätes oder optisch sehr schlecht gestaltetes Zeugnis legt den Schluss nahe, dass Sie von Ihrem Arbeitgeber so gering geschätzt werden, dass er sich nicht einmal bemüht, Ihnen ein orthographisch fehlerfreies Zeugnis zu erstellen.

> - Analysieren Sie Ihr Arbeitszeugnis als Ganzes: Fangen Sie mit dem ersten optischen Eindruck an und arbeiten Sie sich dann an die Feinheiten der Formulierungen heran. ■

Worauf kommt es an?

Für Sie als Arbeitnehmer ist das Zeugnis gleichsam die Visitenkarte für weitere Bewerbungen, denn für Ihren potenziel-

Zwischen den Zeilen lesen

len Arbeitgeber ist es eine der ersten Unterlagen über Sie, die er in der Hand hält. Und damit beeinflusst das Zeugnis seine Entscheidung, ob er Sie einstellt oder nicht, ganz wesentlich. Wenn bereits die äußere Form Ihres Arbeitszeugnisses nicht gewahrt ist, entsteht gleich ein erster negativer Eindruck – und der erste Eindruck ist bekanntermaßen schwer zu korrigieren.

Folgende Formerfordernisse hat der Zeugnisaussteller zu beachten:

- Ordentliche und saubere Form
  Das Arbeitszeugnis muss sauber und ordentlich geschrieben sein. Das Zeugnis darf keine Schreibfehler, Verbesserungen, Durchstreichungen oder Flecken enthalten. Und es muss haltbares Papier von guter Qualität benutzt werden.

Schon der äußere Eindruck zählt

- **Maschinenschriftliche Erstellung**
  Ein Zeugnis darf nicht handschriftlich (und schon gar nicht mit Bleistift) geschrieben sein. Nach der Verkehrssitte ist ein Arbeitszeugnis nur dann ordnungsgemäß erstellt, wenn es mit der Schreibmaschine oder dem PC angefertigt wurde.

- **Ausdruck auf Firmenpapier**
  Wenn im Geschäftszweig des Arbeitgebers für schriftliche Äußerungen üblicherweise Firmenbögen verwendet werden und auch Ihr (bisheriger) Arbeitgeber Geschäftspapier verwendet, dann ist ein Zeugnis nur dann ordnungsgemäß, wenn es auf dem aktuellen Briefpapier geschrieben ist. Ein Arbeitszeugnis, das auf einem Blankobogen erstellt und mit einem Firmenstempel versehen wurde, erfüllt diese Forderung nicht.

- **Ansprechende Gestaltung**
  Die äußere Form muss so gestaltet sein, dass nicht der Eindruck erweckt wird, der ausstellende Arbeitgeber distanziere sich vom buchstäblichen Wortlaut seiner Erklärung.

- **Tenor**
  In welchem Ton ist Ihr Zeugnis geschrieben? Eher wohlwollend und warm oder eher kühl und distanziert? Enthält es lange, verschachtelte, komplizierte Sätze, nichtssagende Floskeln, allgemeine Redewendungen? Oder ist das Zeugnis präzise und klar formuliert?

- **Unterschrift**
  Ein Arbeitszeugnis muss vom Arbeitgeber handschriftlich unterschrieben sein. Mit Hilfe der Leerstellentechnik kann der Arbeitgeber nämlich durch sein „Nichtunterschreiben",

eine negative Beurteilung zum Ausdruck bringen. Und der Unterzeichner muss ranghöher sein als der Empfänger des Zeugnisses. (Mehr zum Thema Unterschrift finden Sie auf den Seiten 23 f. und 63.)

Wenn Ihr Zeugnis z. B. Schreibfehler enthält oder andere Formfehler aufweist, sollten Sie dieses Zeugnis zurückweisen und die Ausfertigung eines ordnungsgemäßen Zeugnisses verlangen. Diesen Anspruch gegen Ihren Arbeitgeber können Sie, wenn notwendig, auch gerichtlich geltend machen. Nähere Informationen dazu finden Sie auf den Seiten 94–97.

Checkliste: Welchen Gesamteindruck macht das Arbeitszeugnis?

	✔
Ist die äußere Form tadellos, d. h. auf ungefaltetem, sauberem Geschäftspapier, ohne Schreibfehler und maschinell erstellt?	
Ist das Zeugnis optisch ansprechend gestaltet?	
Stimmt der „Ton"? Erweckt das Zeugnis den Eindruck, dass Ihnen Ihr Arbeitgeber wohlgesonnen ist, oder scheint er vielmehr die Zeugnisausstellung als lästige Pflichtübung angesehen zu haben?	
Ist Ihr Zeugnis frei von Widersprüchen? Oder enthält es klärungsbedürftige Punkte, die eine gute Beurteilung fraglich erscheinen lassen?	
Ist Ihr Zeugnis überhaupt unterschrieben?	

Wie Sie Ihr Zeugnis richtig prüfen

Die Zeugnissprache verfügt über einen ganz eigenen Code. Hier können Sie prüfen, ob in Ihrem Zeugnis auch alles Wichtige steht und welche Noten Sie erhalten haben.

Worauf es beim einfachen Arbeitszeugnis ankommt

Das einfache Arbeitszeugnis enthält nur die persönlichen Daten des Arbeitnehmers sowie eine Beschreibung der Art und Dauer seines Beschäftigungsverhältnisses. Es enthält keine Angaben zum Arbeitsverhalten, der Führung und der Arbeitsleistung.

Das einfache Zeugnis soll einen umfassenden Überblick über die vom Arbeitnehmer ausgeübte Tätigkeit geben. Es dient in erster Linie einer lückenlosen Dokumentation des beruflichen Lebenslaufs bzw. Werdegangs eines Arbeitnehmers.

Welche Nachteile hat ein einfaches Arbeitszeugnis?

Da viele Arbeitgeber ihre Entscheidung für oder gegen einen Bewerber auf eine möglichst breite Basis stellen wollen, ziehen sie gerne Arbeitszeugnisse des alten Arbeitgebers heran. Dabei interessiert sie natürlich besonders, wie der bisherige Arbeitgeber das Arbeitsverhalten, die Leistung und Führung des Arbeitnehmers beurteilt hat. Wenn Sie einem potenziellen Arbeitgeber nur ein einfaches Zeugnis vorlegen, wird dies bei Auswahlverfahren normalerweise negativ gedeutet. Die Vorlage eines einfachen Arbeitszeugnisses erweckt den Eindruck, Sie hätten etwas zu verbergen. Es wird angenommen, dass Ihre Leistungen und Ihr Verhalten so schlecht waren, dass Sie diese Beurteilungen in Ihrem Zeugnis nicht erwähnt haben wollten und daher nur ein einfaches Zeugnis verlangt haben oder dass Sie ein ausgefertigtes qualifiziertes Zeugnis nicht vorlegen.

Lassen Sie sich ein einfaches Arbeitszeugnis nur dann ausstellen, wenn:

- Sie ein länger zurückliegendes Beschäftigungsverhältnis nachweisen und
- die Art der Tätigkeit erläutern lassen wollen.

Ansonsten sollten Sie von Ihrem Arbeitgeber ein qualifiziertes Arbeitszeugnis verlangen.

Für den Fall, dass Sie ein einfaches Arbeitszeugnis von Ihrem Arbeitgeber verlangt haben, überprüfen Sie es anhand der nachfolgenden Checkliste.

Checkliste: Einfaches Arbeitszeugnis

	✔
Überschrift mit Bezeichnung des Zeugnisses Name, Vorname bei verheirateten Frauen zusätzlich der Geburtsname	
Geburtsdatum und Geburtsort (umstritten)	
Beruf, akademische und öffentlich-rechtliche Titel	
Art des Beschäftigungsverhältnisses (präzise Angaben über das Aufgabengebiet) Dauer des Beschäftigungsverhältnisses (Beginn/Ende; Voll-/Teilzeit)	
Ausscheiden	
Ort, Datum, Unterschrift	

Worauf müssen Sie achten?

Es gibt einige Elemente, die auch in einem einfachen Arbeitszeugnis nicht fehlen dürfen:

- die Überschrift,
- die Einleitung,
- Art und Dauer Ihres Beschäftigungsverhältnisses,
- Unterschrift und Datum.

1 Überschrift

Das Zeugnis muss korrekt bezeichnet werden. Je nachdem um welches Zeugnis es sich handelt, ist die entsprechende Überschrift zu wählen. Folgende Bezeichnungen stehen zur Auswahl:

- Zeugnis
- Endzeugnis
- Arbeitszeugnis
- Dienstzeugnis

Bei qualifizierten Positionen wird häufig die Bezeichnung „Dienstzeugnis" verwendet. Die Bezeichnung „Arbeitszeugnis" wird normalerweise nur bei gewerblichen Arbeitnehmern verwendet. Am besten ist es, wenn Ihr Arbeitgeber die neutrale Bezeichnung „Zeugnis" gewählt hat.

2 Einleitung

Im Einleitungssatz muss das einfache Zeugnis die Angaben zu Ihrer Person, also Namen und Vornamen, enthalten.

Es gibt unterschiedliche Meinungen darüber, ob gegebenenfalls Ihr Geburtsname und Geburtsort ins Zeugnis aufgenommen werden dürfen. Um Überschneidungen zu vermeiden, verweisen wir hier auf die entsprechenden Ausführungen beim qualifizierten Zeugnis auf Seite 31.

3 Die Art und Dauer Ihres Beschäftigungsverhältnisses

Schließlich muss angegeben werden, ob Sie voll- oder teilzeitbeschäftigt waren und wann Ihr Arbeitsverhältnis begonnen und geendet hat bzw. endet.

Die Art Ihrer Tätigkeit muss Ihr Arbeitnehmer sorgfältig und so ausführlich beschreiben, dass sich ein außenstehender Dritter einen umfassenden Eindruck von Ihrer Tätigkeit machen kann. So müssen die übertragenen Arbeitsplätze, Beförderungen und eventuelle Spezialisierungen beschrieben werden. Auch innerbetriebliche Fortbildungen sind aufzuführen.

Die Dauer der Tätigkeit muss exakt mit Datum angegeben werden. Dabei ist die rechtliche Dauer und nicht der eventuell kürzere Beschäftigungszeitraum maßgeblich.

Das Zeugnis darf nur dann Angaben über Beendigungsgrund und -modalitäten enthalten, wenn Sie das ausdrücklich wünschen.

Bei dieser Beschreibung der Tätigkeit darf keine (auch nicht eine versteckte) Bewertung Ihres Arbeitsverhaltens, Ihrer Leistungsfähigkeit und Ihrer Führung einfließen.

4 Unterschrift, Datum

Der Arbeitgeber muss das Zeugnis handschriftlich unterschreiben. Je höher der Aussteller des Zeugnisses in der Hierarchie des Unternehmens steht, desto wertvoller wird Ihr

Zeugnis beurteilt. Am günstigsten für Sie ist es also, wenn der Inhaber des Unternehmens oder sein Vertreter Ihr Zeugnis unterschreiben. Bei größeren Firmen ist es üblich, dass der Leiter der Personalabteilung und der Fachvorgesetzte das Zeugnis unterschreiben. Bei leitenden Angestellten sollte das Arbeitszeugnis von einem Mitglied der Geschäftsführung unterschrieben sein.

> ■ Da Unterschriften manchmal sehr schwer lesbar sind, ist es ratsam, wenn in Maschinenschrift der Name und die Funktionsbezeichnung unter der Unterschrift steht. ■

Das *Ausstellungsdatum* soll grundsätzlich mit dem Tag der Beendigung des Arbeitsverhältnisses zusammenfallen. Wenn Sie die Ausstellung eines einfachen Zeugnisses erst einige Zeit nach Beendigung des Beschäftigungsverhältnisses verlangen, erfolgt keine Rückdatierung.

Das qualifizierte Zeugnis – die Beurteilung macht's

Das qualifizierte Zeugnis enthält zusätzlich zu den Angaben, die im einfachen Zeugnis stehen, eine Beurteilung Ihrer Arbeitsleistung sowie Ihres Verhaltens während Ihrer Tätigkeit durch Ihren Arbeitgeber. Es hat damit für Ihre Stellensuche wesentlich mehr Gewicht als das einfache Zeugnis. Gehen Sie bei der Prüfung Ihres qualifizierten Zeugnisses entsprechend sorgfältig vor und analysieren Sie zunächst den Aufbau. Mit Hilfe der Checkliste auf Seite 25 können Sie im Detail prüfen, ob Ihr Arbeitszeugnis alle wichtigen Elemente enthält.

Das qualifizierte Zeugnis – die Beurteilung macht's

So ist Ihr Zeugnis richtig aufgebaut

Ein qualifiziertes Zeugnis ist nach folgender fester Struktur aufgebaut:

A Überschrift
B Einleitung
C Tätigkeitsbeschreibung
D Leistungsbeurteilung
E Verhaltensbeurteilung
F Beendigung des Beschäftigungsverhältnisses
G Schlussformulierung
H Ort, Datum, Unterschrift

Prüfen Sie mit Hilfe der folgenden Checkliste, ob in Ihrem Zeugnis die Reihenfolge dieser Punkte eingehalten ist und ob auch wirklich alle Punkte enthalten sind.

Checkliste: Was ein qualifiziertes Zeugnis beinhaltet

	✔
A Überschrift	
Bezeichnung des Zeugnisses	
B Einleitung	
Name, Vorname – bei verheirateten Frauen zusätzlich der Geburtsname – Geburtsdatum und Geburtsort (umstritten)	
Beruf, akademische und öffentlich-rechtliche Titel	

Dauer des Beschäftigungsverhältnisses – Beginn/Ende – Vollzeit/Teilzeit	
Bezeichnung der Tätigkeit	
C Tätigkeitsbeschreibung	
Art des Beschäftigungsverhältnisses	
Tätigkeit, Einsatzbereiche	
Unternehmen	
hierarchische Position	
Einordnung im Unternehmen	
Berichtspflicht	
Aufgaben	
Werdegang im Unternehmen	
Kompetenzen	
Verantwortung	
Vollmachten, Prokura	
Beurteilungsteil	
D Beurteilung der Leistung des Mitarbeiters	
Leistungsbeurteilung einzelner Leistungskriterien	
Arbeitsweise (Arbeitstempo, Arbeitsökonomie)	
Arbeitserfolg (Arbeitsgüte)	
Arbeitsbereitschaft (Motivation)	

Das qualifizierte Zeugnis – die Beurteilung macht's

Arbeitsbefähigung (Fachkenntnisse)	
Führungsverhalten bei Führungskräften	
Zusammenfassende Leistungsbeurteilung	
E Beurteilung des Verhaltens des Mitarbeiters	
Verhalten gegenüber Vorgesetzten	
Verhalten gegenüber Kollegen	
Verhalten gegenüber Mitarbeitern (bei Vorgesetzten)	
Verhalten gegenüber sonstigen Personen, mit denen geschäftlicher Kontakt bestand (Kunden, Geschäftspartner, Gäste, Patienten, Angehörige etc.)	
F Beendigung des Beschäftigungsverhältnisses	
Austrittstermin	
Beendigungsgründe (wenn der Arbeitnehmer dies wünscht)	
G Schlussformel	
Dank für geleistete Arbeit	
Bedauern über Ausscheiden	
Wünsche für die Zukunft	
H Datum/Unterzeichnung	
Ort, Datum	
Unterschrift	

Zwischen den Zeilen lesen

Weicht Ihr Arbeitgeber in Ihrem Zeugnis von dieser Struktur ab, dann nimmt er damit (gewollt oder unbewusst) eine Bewertung Ihrer Leistungen, Ihres Verhaltens oder Ihrer Führungsqualitäten vor – je nachdem, wo er vom Standardaufbau abweicht.

Es gibt eine Reihe von Techniken, die der Zeugnisersteller anwenden kann, um Informationen ganz subtil an den kundigen Leser weiterzugeben. Eine dieser Techniken ist die *Reihenfolgetechnik.*

Wenn Sie also feststellen, dass Ihr Zeugnis nicht der üblichen Struktur entspricht, dann hat Ihr Arbeitgeber damit ganz bestimmte Informationen an kundige Leser weitergegeben. Allein indem er die Reihenfolge ändert, kann er z. B. mitteilen, dass er Sie zwar ganz nett findet, aber leistungsmäßig als schwach einstuft: Und das ganz einfach, indem er die Verhaltensbeurteilung (E) vor die Leistungsbeurteilung (D) setzt.

Eine andere sehr gerne verwendete Technik ist die *Leerstellentechnik.* Der Zeugnisersteller macht zu bestimmten Punkten überhaupt keine Aussagen, er lässt einfach etwas aus. Durch solch „beredtes" Schweigen bringt er in der Regel eine negative Bewertung zum Ausdruck. Fehlt beispielweise in der Schlussformel (F) die Aussage, dass er Ihr Ausscheiden aus dem Unternehmen bedauert, teilt er mit, dass er ganz froh darüber ist, dass Sie gehen.

Damit Sie möglichst leicht feststellen können, ob Ihr Arbeitgeber Ihnen ein ordentliches Zeugnis ausgestellt hat, haben wir die umfangreiche Checkliste für das qualifizierte Zeugnis (von Seite 25) noch einmal in Detailchecklisten für die einzelnen Gliederungspunkte zerlegt. Anhand dieser Detailchecklisten und der jeweils nachfolgenden Erläuterungen können Sie Ihr Zeugnis so richtig „auseinander nehmen". Sie finden in den Detailchecklisten die Zusammenstellung der wichtigsten Fragen, die Sie zu den Knackpunkten in Ihrem Zeugnis führen.

Worauf Sie im Einzelnen achten müssen

Im Folgenden finden Sie zu jedem Punkt eine Checkliste, die Ihnen hilft, sich im Zeugnisdschungel zu orientieren. Die einzelnen Punkte aus der Checkliste werden anschließend jeweils ausführlicher erläutert. So können Sie Ihr qualifiziertes Zeugnis Schritt für Schritt analysieren.

Checkliste: Überschrift und Einleitung

	✔
A Überschrift	
Ist Ihr Zeugnis korrekt bezeichnet (Zeugnis, Dienstzeugnis, Endzeugnis, Zwischenzeugnis, Vorläufiges Zeugnis, Ausbildungszeugnis, Praktikantenzeugnis, ...)?	
B Einleitung	
Enthält das Zeugnis Ihren Vor- und Nachnamen, bei verheirateten Frauen den Geburtsnamen, und gegebenenfalls Ihren Titel?	

Ist die Dauer des Beschäftigungsverhältnisses richtig angegeben (Beginn und Ende; Voll- oder Teilzeit)?	
Ist Ihre berufliche Bezeichnung richtig?	
Wird Ihre Tätigkeit aktiv („war tätig") und nicht passiv („wurde beschäftigt", „wurde eingesetzt") beschrieben?	

Überschrift und Einleitung: So soll es sein

Überschrift

Je nachdem, um welches Zeugnis es sich handelt, muss es die entsprechende Überschrift tragen. Folgende Bezeichnungen sind möglich:

- Zeugnis
- Endzeugnis
- Arbeitszeugnis
- Dienstzeugnis

Die Bezeichnung „Arbeitszeugnis" wird im Allgemeinen nur bei gewerblichen Arbeitnehmern verwendet. Gebräuchlicher ist bei qualifizierten Positionen die Bezeichnung „Dienstzeugnis". Am allerbesten ist jedoch die neutrale Bezeichnung „Zeugnis".

Auszubildende erhalten am Ende Ihrer Ausbildung ein sogenanntes „Ausbildungszeugnis", welches auch so zu bezeichnen ist.

Wenn das Arbeitsverhältnis noch fortbesteht, können Sie sich unter bestimmten Umständen ein Zwischenzeugnis ausstellen lassen (dazu mehr auf Seite 72).

Persönliche Daten

Nach der Überschrift folgen als Einleitung Ihre persönlichen Daten. Ihre Person muss im Zeugnis mit Namen, Vornamen und gegebenenfalls mit Ihren Titeln so bezeichnet sein, dass keine Zweifel an Ihrer Person bestehen.

Bei der Frage, ob im Arbeitszeugnis Ihre Anschrift und Ihr Geburtsdatum angegeben werden dürfen, streiten sich die Geister. Die eine Seite vertritt die Auffassung, dass die Anschrift und das Geburtsdatum aufgenommen werden dürfen, insbesondere dann, wenn nur so keine Verwechslungsgefahr besteht. Andere sind der Meinung, diese Angaben dürften nicht ins Zeugnis aufgenommen werden, es sei denn der Arbeitnehmer ist damit einverstanden.

■ Wenn Ihre Anschrift und Ihr Geburtsdatum von Ihrem Arbeitgeber aufgenommen wurden und Sie nach Erhalt des Zeugnisses nicht widersprechen, geht man in der Regel davon aus, dass Sie damit einverstanden sind. ■

Dauer und Art des Beschäftigungsverhältnisses

Der Beginn und das Ende Ihres Beschäftigungsverhältnisses müssen präzise und richtig angegeben werden. Entscheidend ist hier der rechtlich wirksame Beginn und das rechtlich wirksame Ende Ihres Arbeitsverhältnisses. (Das Enddatum muss nicht hier stehen, es kann auch in der Schlussformulierung aufgenommen werden.)

Prüfen Sie unbedingt, welches Beendigungsdatum angegeben wurde, denn hier können wichtige Aussagen versteckt sein. So sollten Sie darauf achten, dass der Tag Ihres Ausscheidens mit den üblichen Kündigungsfristen übereinstimmt. Ihr potenzieller zukünftiger Arbeitgeber wird sicherlich misstrauisch, wenn die Kündigungsfristen offensichtlich nicht eingehalten wurden. Er wird dann Vermutungen anstellen, ob Sie wohl fristlos gekündigt wurden o. Ä.

Wichtig ist auch, dass Sie Ihr Arbeitszeugnis von Ihrem bisherigen Arbeitgeber möglichst rasch erhalten. Ihr alter Arbeitgeber kann Ihnen (auch ungewollt) durch nachlässiges Verhalten schaden. Denn es macht keinen guten Eindruck bei einem neuem Arbeitgeber, wenn Ihr Arbeitszeugnis erst nach ein paar Monaten ausgestellt wurde. War Ihre Arbeitsleistung so unbedeutend für Ihren alten Arbeitgeber, dass er sich mit einem für Sie so bedeutenden Papier so lange Zeit lässt? Am besten ist es, wenn zwischen dem Beendigungsdatum und dem Tag Ihres Ausscheidens kein zeitlicher Zwischenraum liegt. Ein bis zwei Wochen Differenz ist noch in Ordnung. Aber alles, was darüber hinausgeht, sollten Sie nicht akzeptieren.

Sollten Sie in Teilzeit gearbeitet haben, so muss dies Ihr Arbeitgeber in diesem Abschnitt auch angeben. Da die Vollzeitbeschäftigung am meisten verbreitet ist, werden üblicherweise nur dann Angaben gemacht, wenn es sich um ein Teilzeitverhältnis handelt.

Bezeichnung Ihrer beruflichen Tätigkeit

Die berufliche Tätigkeit, die Sie ausgeübt haben, ist korrekt zu bezeichnen. Falls sich Ihre berufliche Tätigkeit im Laufe des Beschäftigungsverhältnisses verändert hat, sollte dazu entweder gar keine Angabe gemacht werden und nur Ihre letzte Tätigkeit genannt sein oder der berufliche Werdegang wird ausführlich und lückenlos beschrieben.

Keine Wertung in der Einleitung!

Prüfen Sie, ob Ihr Arbeitgeber bereits bei der Angabe Ihrer objektiven persönlichen Daten durch seine Wortwahl Bewertungen Ihrer Leistungen oder Ihres Verhaltens vorgenommen hat. So z. B. vermittelt eine aktive Formulierung eine aktive Arbeitsweise, eine passive Formulierung hingegen einen negativen Eindruck.

Beispiel

„Frau Sarah Klein, geborene Voit, geboren am 27. Dezember 1967, war als Werbeplanerin vom 01. Januar 1996 bis zum 30. Juni 2005 in unserem Unternehmen tätig."

Dieses Beispiel enthält alle wichtigen Punkte und ist sauber und neutral formuliert. Nun das negative Beispiel zum Vergleich:

„Hiermit bescheinigen wir Frau Sarah Klein, geborene Voit, geboren am 27. Dezember 1967, vom 01. Januar 1996 bis zum 30. Juni 2005 als Werbeplanerin in unserem Unternehmen beschäftigt gewesen zu sein."

Was sagt Ihr Gefühl, wenn Sie dieses Beispiel mit dem positiven Formulierungsbeispiel vergleichen? – Das zweite Formulierungsbeispiel ist eindeutig negativ zu bewerten. Zunächst wird Frau Klein etwas „bescheinigt". Das klingt fließbandmäßig ausgestellt und erinnert eher an eine Arbeitsbescheinigung als an ein Arbeitszeugnis, in dem die Leistungen und das Verhalten einer Person insgesamt beurteilt werden. Auch die Formulierung „beschäftigt gewesen zu sein" deutet aufgrund der Passivform auf eine negative Beurteilung hin.

Aktive und passive Formulierungsbeispiele

Aktive Formulierung	Passive Formulierung
Er erledigte ...	Er hatte ... zu erledigen
Er bearbeitete ...	Er hatte ... zu bearbeiten
Er beschäftigte sich ...	Er wurde ... beschäftigt
Er war ... tätig	Er wurde ... eingesetzt

Wenn bereits in der Einleitung Ihres Zeugnisses negative Bewertungen vorgenommen wurden, sollten Sie unbedingt dagegen vorgehen. Verlangen Sie von Ihrem Arbeitgeber die Berichtigung Ihres Arbeitszeugnisses. Diesen Anspruch können Sie – falls erforderlich – auch gerichtlich geltend machen. Näheres zum Zeugnisberichtigungsanspruch finden Sie auf den Seiten 94–97.

Das qualifizierte Zeugnis – die Beurteilung macht's

Die Tätigkeitsbeschreibung

Der Arbeitgeber muss im Zeugnis Ihre Tätigkeit vollständig und präzise beschreiben. Und zwar so konkret, dass ein außenstehender Dritter sich davon ein umfassendes Bild machen kann. Ein potenzieller Arbeitgeber muss sich anhand der Beschreibung Ihrer Tätigkeit entscheiden können, ob Sie sein Anforderungsprofil erfüllen und als Bewerber für eine ausgeschriebene Stelle geeignet sind oder nicht. Es muss daher Ihr Arbeitsplatz beschrieben werden, Ihre Funktion im Unternehmen, Ihre Aufgaben und Ihr Verantwortungsbereich, der Wechsel von Aufgaben, Spezialaufgaben und Projekten, Ihre Kompetenzen sowie Ihre berufliche Entwicklung im Unternehmen.

Checkliste: Tätigkeitsbeschreibung

	✔
Ist die Art Ihres Beschäftigungsverhältnisses beschrieben?	
Sind alle wesentlichen Aufgaben und Tätigkeitsbereiche präzise und vollständig beschrieben? – Werden wichtige Aufgabenbereiche ihrer Bedeutung entsprechend beschrieben? – Werden untergeordnete oder unwichtige Aufgabenbereiche in Ihrer Tätigkeitsbeschreibung angemessen dargestellt, nicht überbetont?	
Ist bei Veränderung Ihrer Aufgabenbereiche Ihre berufliche Entwicklung dargestellt?	
Vermittelt die Tätigkeitsbeschreibung einen aktiven („war tätig") oder einen passiven („wurde beschäftigt") Eindruck Ihrer Arbeitsweise?	

Ist das Unternehmen beschrieben und Ihre Einordnung im Unternehmen (hierarchische Position, Berichtspflicht) dargelegt?	
Ist beschrieben welche Kompetenzen und Vollmachten Sie haben und welche Verantwortung Sie tragen?	

Natürlich können Sie von keinem Arbeitgeber verlangen, dass alle Punkte in ausführlicher Breite erläutert werden. Der Umfang der Tätigkeitsbeschreibung hängt davon ab, wie qualifiziert Ihre Aufgaben waren und über welchen Zeitraum Sie die Aufgaben wahrgenommen haben. So macht es einen großen Unterschied, ob Sie z. B. als Sachbearbeiter ein halbes Jahr in einem Fuhrunternehmen beschäftigt waren oder als Entwicklungsingenieur auf einen projektreichen Zeitraum von sieben Jahren zurückblicken.

Die Art Ihrer Tätigkeit

In Ihrem Arbeitszeugnis muss präzise angegeben werden, welche Art von Tätigkeit Sie ausgeführt haben. Ihre Aufgaben müssen so genau und vollständig angegeben werden, dass sich ein fachkundiger außenstehender Dritter ein zutreffendes und umfassendes Bild davon machen kann. Darauf haben Sie einen Anspruch von Rechts wegen. Es müssen also die wesentlichen Tätigkeiten, Aufgaben- und Einsatzbereiche beschrieben sein, die ein Urteil über Ihre Kenntnisse und Fähigkeiten erlauben. Ein neuer Arbeitgeber kann nur so einen Eindruck von Ihren Erfahrungen und Leistungen gewinnen.

Der Umfang der Tätigkeitsbeschreibung hängt davon ab, wie qualifiziert diese Aufgaben waren, wie lange Sie im Unternehmen beschäftigt waren und über welchen Zeitraum Sie diese Aufgaber wahrgenommen haben.

> ■ Als Faustregel gilt: Je länger Sie in einem Unternehmen beschäftigt waren und je qualifizierter und spezialisierter Ihre Tätigkeit ist, desto ausführlicher sollte Ihre Tätigkeitsbeschreibung sein. ■

Achten Sie darauf, dass Ihre Tätigkeitsbeschreibung nicht auffallend knapp ausgefallen ist. Je kürzer sie gehalten ist und je nichtssagender sie ist, desto eher müssen Sie davon ausgehen, dass Ihnen ein schlechtes Zeugnis ausgestellt wurde.

> ■ Besonders wichtig: In Ihrer Tätigkeitsbeschreibung darf kein Hinweis enthalten sein, dass Sie als Betriebs- oder Personalrat tätig waren. Diese Tätigkeit darf Ihr Arbeitgeber nur dann in Ihrem Zeugnis erwähnen, wenn Sie dies ausdrücklich wünschen. ■

Das Wichtige zuerst

Die wichtigsten Aufgabenbereiche Ihrer Tätigkeit sind ihrer Bedeutung entsprechend zuerst zu nennen. Lesen Sie Ihr Zeugnis auch unter Berücksichtigung dieses Grundsatzes durch und achten Sie darauf, in welcher Reihenfolge Ihre Aufgaben beschrieben werden.

Wenn unwichtige Aufgaben im Verhältnis zu anderen wichtigen Tätigkeiten sehr umfangreich beschrieben und überbetont werden und Details an sich wichtiger Aufgaben, allenfalls am Rand, erwähnt werden, bringt Ihr bisheriger Arbeitgeber damit eine negative Beurteilung zum Ausdruck. Es entsteht dann der Eindruck, Sie seien mit den wesentlichen Aufgaben Ihrer Tätigkeit überfordert gewesen.

Beispiel

Mit Hilfe der Reihenfolgetechnik kann Ihr Arbeitgeber Informationen „zwischen den Zeilen" weitergeben. Finden Sie in einem Zeugnis die Formulierung: „Sie war für den Einkauf von Büromaterial und Investitionsgütern zuständig", so hätte der Arbeitgeber damit zum Ausdruck gebracht, dass die Dame zwar auf dem Papier auch für den Einkauf von Investitionsgütern zuständig war, aber eben v. a. auf dem Papier. Denn allein dadurch, dass der Arbeitgeber den Einkauf des Büromaterials vor der bedeutenderen Aufgabe aufgeführt hat, macht er deutlich, dass die Mitarbeiterin eher keine Investitionsgüter eingekauft hat bzw. dass er mit ihrer Arbeitsleistung nicht zufrieden war.

Beruflicher Werdegang

Auch der Beschäftigungsverlauf im Unternehmen muss dargelegt werden. Haben Sie sich stetig im Unternehmen weiterentwickelt, ist Ihnen zunehmend mehr Verantwortung übertragen worden, so ist dies ein deutlicher Hinweis auf gute Leistungen, Zuverlässigkeit und Beständigkeit, also darauf, dass Sie ein guter Mitarbeiter sind.

Auch wenn Sie sich besondere Kenntnisse durch Weiterbildungsmaßnahmen erworben haben, sollte dies im Zeugnis aufgeführt werden.

Aktive oder passive Tätigkeitsbeschreibung

Auch bei der Tätigkeitsbeschreibung gilt, was bei den Ausführungen zur Einleitung eines Zeugnisses auf Seite 33 bereits angesprochen wurde. Aktive Formulierungen sind eindeutig positiver zu bewerten als passive.

Beispiel

Steht im Zeugnis eines Architekten: „Herr Neubert hatte die Durchführung planerischer Arbeiten wie Entwurfs-, Werks- und Detailplanung von Wohn- und Geschäftshäusern zu erledigen", dann klingt das eindeutig negativ.

Die aktive Formulierung: „Herr Neubert war mit der Durchführung planerischer Arbeiten wie Entwurfs-, Werks- und Detailplanung von Wohn- und Geschäftshäusern befasst", klingt das schon sehr viel positiver.

Das Unternehmen und Ihre Aufgabe darin

Bei der Beschreibung Ihres Tätigkeitsbereiches hat Ihr Arbeitgeber auch kurz sein Unternehmen zu beschreiben. Diese Beschreibung soll nur knapp sein und kein Auszug aus einem Werbeprospekt. An dieser Stelle sollte nun kurz erläutert sein, wie Sie in die Organisationsstruktur und die Hierarchie des Unternehmens eingeordnet waren und an wen Sie berichtet haben.

Kompetenzen und Verantwortungsbereich

Ihr bisheriger Arbeitgeber muss schließlich angeben, wofür Sie Verantwortung getragen haben, welche Kompetenzen und welche besonderen Vollmachten oder Prokura Sie hatten.

Die Leistungsbeurteilung

Die Leistungsbeurteilung ist das Herzstück Ihres Arbeitszeugnisses. Bei der Analyse Ihres Zeugnisses ist dieser Teil der schwierigste Part. Zum einen ist die Zeugnissprache komplex und nicht in allen Punkten eindeutig. Zum anderen sind die einzelnen Beurteilungen Ihrer Leistungsmerkmale nicht allein ausschlaggebend. Erst in Kombination mit der zusammenfassenden Leistungsbeurteilung können sie richtig interpretiert werden. Dazu aber mehr bei den Erläuterungen der Detailcheckliste zur Leistungsbeurteilung.

Checkliste: **Leistungsbeurteilung**

	✔
Hat Ihr Arbeitgeber die einzelnen Leistungsmerkmale, die für die Erfüllung Ihrer Aufgabe wichtig waren (z. B. analytisches Denkvermögen), genannt?	
Werden die Leistungskriterien in der Reihenfolge ihrer Bedeutung für die ausgeübte Tätigkeit dargestellt und nicht die eher unbedeutenden Kriterien zuerst abgehandelt?	
Werden Leistungsmerkmale aufgeführt, die selbstverständlich sind und für die Erfüllung Ihrer Aufgaben unwichtig waren?	
Sind die Formulierungen äußerst kurz gehalten?	
Sind lobende Worte mit Einschränkungen versehen?	
Sind lobende Ausführungen sehr verschachtelt oder kompliziert formuliert?	
Sind doppeldeutige Aussagen enthalten?	
Gibt es abschließend eine zusammenfassende Leistungsbeurteilung?	
Welche Note ergibt die zusammenfassende Leistungsbeurteilung?	
Ist die Gesamtnote in sich stimmig und wird sie durch die Beurteilung der einzelnen Leistungsmerkmale bestätigt?	

Das qualifizierte Zeugnis – die Beurteilung macht's

Leistungsbewertung en détail und im Ganzen

Bei der Leistungsbewertung beurteilt Ihr bisheriger Arbeitgeber zunächst die einzelnen Kriterien, die für Ihre Tätigkeit von Bedeutung sind. Er bewertet Ihre beruflichen Kenntnisse, Ihre fachlichen und kommunikativen Fähigkeiten, die Arbeitsweise, den Arbeitserfolg (Quantität und Güte), besondere Arbeitserfolge und Ihre Arbeitsbereitschaft. Bei Führungskräften gehört zur Leistungsbeurteilung auch eine Beurteilung der Mitarbeiterführung. Im Anschluss an die Beurteilung der einzelnen Leistungskriterien muss eine zusammenfassende Bewertung Ihrer Leistungen erfolgen.

Natürlich sehen die Kriterien, nach denen Ihre Leistung bemessen wird, je nach der Tätigkeit recht verschieden aus. Entsprechend ist auch die Beurteilung einer Leistung funktions- und berufsspezifisch.

Was Sie können und wissen

Ihre Leistung misst sich zunächst an Ihrer Arbeitsbefähigung. Hier geht es schlicht um das Können des Arbeitnehmers. Im Einzelnen heißt das:

- die Fachkenntnisse,
- die Belastbarkeit,
- die Auffassungsgabe,
- die intellektuellen und kreativen Fähigkeiten,
- die Problemlösungsfähigkeit und
- die Berufserfahrung.

Beispiel

Für Werbefachleute, Konstrukteure und Forscher ist es sehr wichtig, über ein großes Kreativitätspotenzial zu verfügen. Das Leistungskriterium für einen Finanzbuchhalter dagegen ist nicht die Kreativität, sondern seine Befähigung genau und sorgfältig zu arbeiten. Würde einem Finanzbuchhalter in einem Zeugnis Kreativität bescheinigt, wäre das ein Anlass an seiner Eignung für seine Aufgabe zu zweifeln. Bei einem Berufskraftfahrer gehört eine Aussage über seine Zuverlässigkeit und bei einer Kassiererin eine Aussage über ihre Ehrlichkeit ins Zeugnis. Voraussetzung für die Arbeitsbefähigung von Systemanalytikern ist deren logisches und analytisches Denkvermögen.

Zur Arbeitsbefähigung gehört auch Ihr Fachwissen. Wenn im Zeugnis darauf eingegangen wird, dann sollte sowohl der Umfang, die Tiefe und möglichst auch der praktische Nutzen Ihres fachlichen Wissens für das Unternehmen angesprochen werden.

Fachkönnen

Sehr gut	„Er beherrschte seinen Aufgabenbereich stets sehr sicher, hatte oft neue Ideen und fand optimale Lösungen." „Er verfügt über hervorragende Fachkenntnisse und eine langjährige Berufserfahrung. Durch seine schnelle Auffassungsgabe und sein persönliches Engagement wurde er zu einem hochqualifizierten Spezialisten in unserer Abteilung Qualitätssicherung."
Gut	„Er arbeitete selbstständig, fand gute Lösungen und hatte neue Ideen." „Er bewältigte seinen Arbeitsbereich selbstständig und sicher, fand gute Lösungen und hatte neue Ideen."

Das qualifizierte Zeugnis – die Beurteilung macht's

Befriedigend	„Er bewältigte seinen Aufgabenbereich sicher und fand brauchbare Lösungen."„Er war ein belastbarer Mitarbeiter, der auch unter schwierigen Arbeitsbedingungen Aufgaben gut bewältigte."
Ausreichend	„Er bewältigte seinen Aufgabenbereich."„Er passte sich neuen Arbeitssituationen an."
Mangelhaft	„Er bewältigte im Wesentlichen die in seinem Aufgabenbereich anfallenden Aufgaben."„Er passte sich den Arbeitssituationen meist ohne Schwierigkeiten an."
Ungenügend	„Er war bestrebt, seinen Aufgabenbereich zu bewältigen."„Er war bemüht, sich den Arbeitssituationen anzupassen."

Fachwissen

Sehr gut	„Er verfügt über ein hervorragendes und fundiertes Fachwissen auch in Randbereichen."
Gut	„Er verfügt über umfassende Fachkenntnisse."
Befriedigend	„Er verfügt über solide Fachkenntnisse."
Ausreichend	„Er verfügt über ein solides Basiswissen in seinem Arbeitsbereich."
Mangelhaft	„Er verfügte über entwicklungsfähige Kenntnisse in seinem Tätigkeitsbereich."
Ungenügend	„Er hatte Gelegenheit, sich die erforderlichen Kenntnisse in seinem Tätigkeitsbereich anzueignen."

Belastbarkeit

Sehr gut	„Er ist auch stärkstem Arbeitsanfall jederzeit gewachsen."„Er bewältigte neue Arbeitssituationen stets sehr gut und sicher."
Gut	„Er ist auch starkem Arbeitsanfall jederzeit gewachsen."„Er bewältigte neue Arbeitssituationen erfolgreich."
Befriedigend	„Er ist starkem Arbeitsanfall gewachsen."
Ausreichend	„Er ist starkem Arbeitsanfall im Wesentlichen gewachsen."„Er passte sich neuen Arbeitssituationen an."
Mangelhaft	„Dem üblichen Arbeitsanfall ist er im Wesentlichen gewachsen."„Er passte sich den Arbeitssituationen meist ohne Schwierigkeiten an."
Ungenügend	„Er war stets bemüht, den üblichen Arbeitsanfall zu bewältigen."„Er war bestrebt, sich den Arbeitssituationen anzupassen."

Auffassungsgabe und Problemlösungsfähigkeit

Sehr gut	„Er war in der Lage, auch schwierige Situationen sofort zutreffend zu erfassen und schnell richtige Lösungen zu finden."
Gut	„Er überblickte schwierige Zusammenhänge, erkannte das Wesentliche und war in der Lage, schnell Lösungen aufzuzeigen."
Befriedigend	„Er fand sich in neuen Situationen zurecht und war auch in der Lage, komplizierte Zusammenhänge zu erfassen."

Ausreichend	„Er war mit Unterstützung seines Vorgesetzten neuen Situationen gewachsen und in der Lage, komplizierte Zusammenhänge nachzuvollziehen."
Mangelhaft	„Er war mit Unterstützung seines Vorgesetzten neuen Situationen im Wesentlichen gewachsen."
Ungenügend	„Er war bemüht, mit Unterstützung seines Vorgesetzten neuen Situationen gerecht zu werden."

Denk- und Urteilsvermögen

Sehr gut	„Besonders hervorzuheben ist seine Urteilsfähigkeit, die ihn auch in schwierigen Lagen zu einem eigenständigen, abgewogenen und zutreffenden Urteil befähigt."
Gut	„Seine Urteilsfähigkeit ist geprägt durch seine klare und logische Gedankenführung, die ihn zu sicheren Urteilen befähigt."
Befriedigend	„Seine folgerichtige Denkweise kennzeichnet seine sichere Urteilsfähigkeit in vertrauten Zusammenhängen."
Ausreichend	„In vertrauten Zusammenhängen kann er sich auf seine Urteilsfähigkeit stützen."
Mangelhaft	„In vertrauten Zusammenhängen kann er sich im Wesentlichen auf seine Urteilsfähigkeit stützen."
Ungenügend	„Seine Urteilsfähigkeit ist geprägt durch sprunghafte, teils widersprüchliche Gedankenführung, ohne zu erkennen, worauf es ankommt."

Passt Ihr Arbeitsstil?

Auch der Arbeitsstil des Arbeitnehmers muss im Zeugnis beurteilt werden – je nach Berufsgruppe, kann diese Beurteilung für Ihren neuen Arbeitgeber ausschlaggebend sein. Dazu gehört:

- die Zuverlässigkeit,
- die Sorgfalt,
- die Selbstständigkeit,
- die Vertrauenswürdigkeit,
- die Loyalität und
- Diskretion.

Wenn Sie bei Ihrer Tätigkeit mit personenbezogenen Informationen oder vertraulichen Daten z. B. als Bilanzbuchhalter oder Personalsachbearbeiterin umzugehen hatten, dann wird im Rahmen der Bewertung Ihrer Arbeitsweise eine Aussage zu Ihrer Zuverlässigkeit und Diskretion erwartet. Das Gleiche gilt für Mitarbeiter, die z. B. als Einkäufer manchmal von Externen ins Ziel genommen werden und von denen Loyalität im Interesse ihres Unternehmens erwartet wird. Bei Mitarbeitern, deren Tätigkeit besondere Sorgfalt und Genauigkeit erfordert, wie z. B. Buchhaltern oder vielen Facharbeitern, darf eine Aussage zur Sorgfalt nicht fehlen. Von Forschern, Systemanalytikern oder von Kundendiensttechnikern wird eine systematische Arbeitsweise erwartet.

Für bestimmte Positionen (z. B. Direktionssekretärinnen) ist das Kriterium „Selbstständigkeit" besonders wichtig. Bei leitenden Angestellten oder anderen Mitarbeitern in Vertrauensstellungen wird die Aussage erwartet, dass sie jederzeit das Vertrauen des Unternehmens genossen haben.

Arbeitsweise

Sehr gut	„Er erledigte seine Aufgaben stets selbstständig mit äußerster Sorgfalt und Genauigkeit." „Er war im höchsten Maße zuverlässig. Hervorzuheben ist seine uneingeschränkte Loyalität. Durch seine kreative und selbstständige Arbeitsweise konnte er sich auf jede Arbeitssituation einstellen und war damit vielseitig einsetzbar."
Gut	„Er erledigte seine Aufgaben stets selbstständig mit großer Sorgfalt und Genauigkeit." „Er war ein engagierter Mitarbeiter, der sich schnell in seine neuen Arbeitsaufgaben einarbeitete und dem Unternehmen auf seinem Gebiet wichtige Impulse gegeben hat."
Befriedigend	„Er erledigte seine Aufgaben stets sorgfältig und genau." „Er war verantwortungsbewusst, durchaus selbstständig und führte die ihm zugeteilten Arbeiten systematisch aus."
Ausreichend	„Er erledigte seine Arbeiten mit Sorgfalt und Genauigkeit." „Er zeigte keinerlei Unsicherheiten bei der Ausführung seiner Arbeitsaufgaben."
Mangelhaft	„Er erledigte die ihm übertragenen Arbeiten im Allgemeinen sorgfältig und genau." „Er war stets um eine sorgfältige Arbeitsweise bemüht."

Ungenügend	„Er war bemüht, die ihm übertragenen Arbeiten sorgfältig und genau zu erledigen." „Er war um eine sorgfältige Arbeitsweise bemüht."

Zuverlässigkeit

Sehr gut	„Er arbeitete stets zuverlässig und genau." (Der Unterschied liegt im letzten Wort, bei gut heißt es gewissenhaft.)
Gut	„Er arbeitet stets zuverlässig und gewissenhaft."
Befriedigend	„Er arbeitete zuverlässig und gewissenhaft."
Ausreichend	„Er bewältigte die entscheidenden Aufgaben zuverlässig."
Mangelhaft	„Er arbeitete in der Regel zuverlässig."
Ungenügend	„Er war um eine zuverlässige Arbeitsweise bemüht."

Ihr Arbeitsergebnis

Zur Leistungsbewertung gehört selbstverständlich auch der Arbeitserfolg eines Arbeitnehmers. Dazu gehören:

- die Arbeitsmenge,
- das Arbeitstempo,
- die Arbeitsqualität,
- die Überzeugungskraft und
- das Verhandlungsgeschick.

Das qualifizierte Zeugnis – die Beurteilung macht's

Wird im Zeugnis die sorgfältige Arbeitsweise betont, dann sollten bei den Ausführungen zum Arbeitserfolg auch die Arbeitsmenge und das Arbeitstempo hervorgehoben werden. Fehlen hier aber nähere Ausführungen, dann hat sich der Arbeitgeber möglicherweise der Leerstellentechnik bedient und eine schlechte Bewertung beim fehlenden Leistungskriterium vorgenommen.

Arbeitsergebnis

Sehr gut	„Er beeindruckte uns stets durch seine sehr gute Arbeitsqualität, wobei er die selbst gesetzten und vereinbarten Ziele auch unter schwierigsten Bedingungen stets erreichte, meist sogar noch übertroffen hat." „Er hat sowohl in qualitativer als auch in quantitativer Hinsicht stets herausragende Arbeitsergebnisse erzielt."
Gut	„Seine Arbeitsqualität war stets gut, wobei die vereinbarten Ziele von ihm auch unter schwierigen Bedingungen stets erreicht, oft auch übertroffen wurden." „Er zeigte stets eine überdurchschnittliche Arbeitsqualität."
Befriedigend	„Seine Arbeitsqualität war gut, wobei er die vereinbarten Ziele erreichte." „Seine Arbeitsqualität war überdurchschnittlich."
Ausreichend	„Seine Arbeitqualität entsprach den Anforderungen." „Er arbeitete sorgfältig und genau."

Mangelhaft	Seine Arbeitsqualität entsprach im Allgemeinen den Anforderungen, wobei er stets mit Nachdruck daran arbeitete, die vorgegebenen Ziele zu erreichen." „Er bemühte sich im Allgemeinen um sorgfältige, genaue Arbeit."
Ungenügend	„Seine Arbeitsqualität entsprach meistens den von uns erwarteten Anforderungen."

Das qualifizierte Zeugnis – die Beurteilung macht's

Besondere Arbeitserfolge

Wenn Sie besondere Arbeitserfolge vorweisen können, dann hat Ihr Arbeitgeber diese auch im Zeugnis aufzuführen. Solche Erfolge können zum Beispiel sein:

- überdurchschnittliche Gewinnsteigerungen,
- besondere Kosteneinsparungen,
- die Lösung besonders schwieriger Problemfälle,
- Arbeitnehmererfindungen oder
- Beförderungen.

Beispiel

Eine sehr gute Beurteilung besonderer Arbeitserfolge könnte wie folgt lauten:

„Er erreichte trotz schwieriger Auftragslage eine sehr hohe Umsatz- und Gewinnsteigerung. Er gehört damit zu den besten Verkäufern unseres Unternehmens."

Die Leistungsbereitschaft

Auch das „Wollen", das Engagement und die Eigeninitiative des Arbeitnehmers sind Teil des Zeugnisses. Das sind im Einzelnen:

- die Arbeitsmotivation,
- die Arbeitsbereitschaft und der Arbeitswille,
- das Engagement,
- das Interesse für die Arbeitsaufgaben und
- die Eigeninitiative bei der Lösung der Aufgaben.

Eigeninitiative

Sehr gut	„Er zeigte stets Eigeninitiative und überzeugte durch seine große Einsatzbereitschaft." „Er war stets hochmotiviert und zeigte ein außergewöhnliches Engagement bei der Lösung von Arbeitsaufgaben."
Gut	„Er ergriff von sich aus die Initiative und setzte sich mit überdurchschnittlicher Einsatzbereitschaft für unser Unternehmen ein." „Er zeigte stets Initiative, Fleiß und Eifer."
Befriedigend	„Er hat mit hohem Einsatz einen guten Beitrag zum gemeinsamen Firmenerfolg geleistet." „Er zeigte Eigenbereitschaft und Initiative."
Ausreichend	„Er hat der geforderten Einsatzbereitschaft entsprochen." „Er zeigte Eifer und Fleiß in ausreichendem Maß."
Mangelhaft	„Er hat der geforderten Einsatzbereitschaft im Großen und Ganzen entsprochen." „Er zeigte nach Anleitung Eifer und Fleiß."
Ungenügend	„Er hat sich bemüht, der geforderten Einsatzbereitschaft zu entsprechen." „Er war bestrebt, Eifer und Fleiß zu zeigen."

Die Führungsleistung

Den Besonderheiten der Leistungsbeurteilung von Führungskräften haben wir ein eigenes Kapitel gewidmet, siehe dazu Seite 65.

Die wichtigen Leistungen zuerst

Auch hier gilt der Grundsatz: das Wichtigste zuerst. Achten Sie darauf, dass die Leistungskriterien in der Reihenfolge ihrer Bedeutung für die jeweilige Tätigkeit dargestellt sind. Werden vor der Beurteilung von wichtigen Leistungskriterien unbedeutende Merkmale oder Selbstverständlichkeiten beurteilt, dann ist das aufgrund der Reihenfolgetechnik als eine schlechte Beurteilung zu deuten.

Bei einer sehr guten oder guten Leistungsbeurteilung wird auf Ihre überdurchschnittlichen Fähigkeiten und Kenntnisse hingewiesen.

Je detaillierter auf einzelne Leistungskriterien eingegangen wird, desto größer ist die Bedeutung der Leistungsbeurteilung. Und desto aufmerksamer sollten Sie diese Beurteilung prüfen.

Bei der Deutung der Leistungsbeschreibung ist besonders darauf zu achten, ob mit bewussten Auslassungen gearbeitet wird. Diese Technik wird auch als Leerstellentechnik bezeichnet. Durch Schweigen werden negative Aussagen vermieden, und doch wird Ihnen trotz wohlklingender Worte ein negatives Zeugnis ausgestellt.

> ■ Überprüfen Sie, ob Ihnen in Ihrer zusammenfassenden Leistungsbeurteilung sehr gute oder gute Leistungen bescheinigt werden, in der Beschreibung Ihrer Tätigkeiten jedoch nur einfache oder unwichtige Tätigkeiten aufgeführt sind. Wenn dem so ist, dann ist Ihre gute Leistungsbeurteilung nicht viel wert. Es wird Ihnen dann nämlich bescheinigt, dass Sie nur für einfache oder unwichtige Tätigkeiten sehr gut bzw. gut geeignet sind. ■

Die zusammenfassende Leistungsbeurteilung

Im Anschluss an die Beurteilung der einzelnen Leistungskriterien erfolgt normalerweise die zusammenfassende Beurteilung der Leistungen.

In der zusammenfassenden Leistungsbeurteilung in Arbeitszeugnissen findet sich häufig die Aussage über die Zufriedenheit mit Ihrer Arbeit. Es gibt so etwas wie eine allgemeingültige Notenskala, die den Personalfachleuten bestens bekannt ist.

Zufriedenheitsskala

Sehr gut	„Wir waren mit seinen Leistungen stets außerordentlich zufrieden."„Er hat seine Aufgaben stets zu unserer vollsten Zufriedenheit erledigt."„Seine Leistungen verdienten stets unsere vollste Anerkennung."
Sehr gut bis gut	„Er hat seine Aufgaben zu unserer vollsten Zufriedenheit erledigt."
Gut	„Er hat seine Aufgaben stets zu unserer vollen Zufriedenheit erledigt."
Befriedigend	„Er hat seine Aufgaben stets zu unserer Zufriedenheit erledigt."
Befriedigend bis ausreichend	„Er hat die Aufgaben stets zu unserer Zufriedenheit erledigt."„Seine Leistungen waren stets zufriedenstellend."„Mit seinen Leistungen waren wir stets zufrieden."

Ausreichend	„Er hat seine Aufgaben zu unserer Zufriedenheit erledigt."
Mangelhaft	„Er hat seine Aufgaben im Großen und Ganzen zu unserer Zufriedenheit erledigt."
Ungenügend	„Er hat seine Aufgaben zu unserer Zufriedenheit zu erledigen versucht."

Im Allgemeinen sind folgende Zusätze charakteristisch:

für eine gute Beurteilung:

- „immer"
- „stets"
- „in jeder Hinsicht"
- „jederzeit"
- „während der gesamten Beschäftigungsdauer"

für eine mangelhafte Beurteilung:

- „teilweise"
- „im Wesentlichen"
- „im Großen und Ganzen"
- „in etwa"

■ Überprüfen Sie, ob aussagekräftige Beurteilungen der einzelnen Leistungskriterien in Ihrem Zeugnis enthalten sind. Wenn nur eine zusammenfassende Leistungsbeurteilung vorhanden ist und Aussagen zu den einzelnen Leistungskriterien fehlen, ist das als Hinweis zu verstehen, dass Ihnen keine guten Leistungen bestätigt werden sollen, auch wenn die zusammenfassende Leistungsbeurteilung anscheinend gute Leistungen attestiert. ■

Die Verhaltensbeurteilung

In einem qualifizierten Zeugnis erfolgt anschließend eine Beurteilung Ihrer persönlichen Führung, also Ihres sozialen Verhaltens an Ihrem Arbeitsplatz. In diesem Abschnitt beurteilt Ihr Arbeitgeber, wie Sie gegenüber Vorgesetzten, Mitarbeitern, Kollegen und eventuell anderen geschäftlichen Kontaktpersonen (Kunden, Gästen, Patienten, Angehörigen von Patienten, ...) aufgetreten sind.

Detailcheckliste zum Sozialverhalten

	Ja	Nein
Wird Ihr Verhalten gegenüber Kollegen und Mitarbeitern besser beurteilt als das Verhalten gegenüber Vorgesetzten?	❏	❏
Wird Ihr Verhalten gegenüber Kollegen und Mitarbeitern beurteilt, nicht jedoch das Verhalten gegenüber Vorgesetzten?	❏	❏
Werden in Ihrer Verhaltensbeurteilung eine Reihe von Personengruppen, mit denen Sie geschäftlich in Kontakt standen, erwähnt, jedoch nicht alle?	❏	❏

Die Fragen dieser Checkliste sollten Sie alle mit Nein beantworten können.

Sozialverhalten: So soll es im Zeugnis stehen

Das Sozialverhalten wird in folgender Reihenfolge beurteilt:

1 Verhalten gegenüber Vorgesetzten,

2 Verhalten gegenüber Kollegen,

3 Verhalten gegenüber Mitarbeitern, Kunden und sonstigen Personen, die in geschäftlichem Kontakt mit Ihnen standen.

Wenn Sie feststellen wollen, ob Ihr Sozialverhalten und Ihre Führung im Unternehmen gut oder schlecht beurteilt sind, müssen Sie auf die Reihenfolge achten und darauf, ob alle Personen aufgeführt wurden.

Beispiel

Eine sehr gute Beurteilung könnte so lauten: „Die Führung und das Verhalten gegenüber Vorgesetzten und Mitarbeitern war stets einwandfrei." Diese positive Beurteilung kann durch eine ergänzende Formulierung noch bekräftigt werden. Zum Beispiel: „Herr Moosgruber ist allseits anerkannt und geschätzt."

Eine unzureichende Beurteilung dagegen wäre: „Die Führung und das Verhalten gegenüber Mitarbeitern und Vorgesetzten war einwandfrei." Hier wird durch die „Reihenfolgetechnik" (die Mitarbeiter werden vor dem Vorgesetzten genannt) ausgedrückt, dass es im Verhältnis mit den Vorgesetzten Beanstandungen gegeben hat.

Auch hier gibt es eine allgemein anerkannte Skala, anhand derer Sie erkennen können, ob Sie bei Ihrer Führungsbeurteilung eine gute oder schlechte Note bekommen haben.

Führungsbeurteilung

Sehr gut	„Sein Verhalten zu Vorgesetzten, Arbeitskollegen und Mitarbeitern war stets vorbildlich." „Sein kollegiales Wesen sicherte ihm stets ein sehr gutes Verhältnis zu seinen Vorgesetzten, Kollegen und Mitarbeitern." „Er wurde von Vorgesetzten, Kollegen und Kunden als freundlicher und fleißiger Mitarbeiter sehr geschätzt." „Sein Verhalten zu Vorgesetzten, Arbeitskollegen, Mitarbeitern und Kunden war stets einwandfrei."
Gut	„Sein Verhalten zu Vorgesetzten, Arbeitskollegen, Mitarbeitern war vorbildlich." „Sein kollegiales Wesen sicherte ihm stets ein gutes Verhältnis zu seinen Vorgesetzten, Kollegen und Mitarbeitern." „Sein Verhalten zu Vorgesetzten, Kollegen, Mitarbeitern und Kunden war einwandfrei.
Befriedigend	„Sein Verhalten zu Arbeitskollegen, Vorgesetzten und Mitarbeitern war vorbildlich." „Sein Verhalten zu Kollegen, Vorgesetzten und Mitarbeitern war einwandfrei." „Sein Verhalten gegenüber Vorgesetzten und Kollegen gab zu Klagen keinen Anlass."
Ausreichend	„Sein Verhalten zu Vorgesetzten war vorbildlich."

	„Sein Verhalten zu Mitarbeitern war einwandfrei."
	„Sein Verhalten zu Arbeitskollegen war hilfsbereit und kameradschaftlich, das zu seinen Vorgesetzten korrekt."
	„Seine Führung gegenüber Vorgesetzten gab zu Beanstandungen keinen Anlass."
Mangelhaft	„Sein persönliches Verhalten war insgesamt einwandfrei."
	„Er galt als kollegialer und freundlicher Mitarbeiter."
	„Er wurde im Mitarbeiterkreis als umgänglicher Kollege geschätzt."
Ungenügend	„Sein persönliches Verhalten war im Wesentlichen einwandfrei."
	„Sein persönliches Verhalten war im Wesentlichen tadellos."

Wie Sie hier sehr schön sehen können, werden die schlechten Bewertungen häufig mit Hilfe von Auslassungen oder „Umstellungen" vorgenommen.

Schlussformulierung

Der Schlussformulierung kommt eine nicht zu unterschätzende Bedeutung zu. Denn eine Schlussformulierung kann die vorangegangene gute Beurteilung verstärken oder in Frage stellen und somit entkräften.

Checkliste: Schlussformulierung

	✔
Kommt im Zeugnis zum Ausdruck, wer das Arbeitsverhältnis beendet hat?	
Dankt Ihnen Ihr Arbeitgeber für Ihre Arbeit?	
Bedauert Ihr Arbeitgeber, dass Sie aus dem Unternehmen ausscheiden?	
Enthält Ihr Zeugnis Wünsche für Ihre Zukunft?	
Hat Ihr Arbeitgeber den Kündigungsgrund nach Ihrem Willen weggelassen bzw. angegeben?	

Schlussformulierung: So sollte sie aussehen

In der Schlussformulierung muss unbedingt stehen, wer das Arbeitsverhältnis beendet hat. Wenn Sie das Arbeitsverhältnis durch Kündigung beendet haben, haben Sie einen Anspruch darauf, dass Ihnen Ihr Arbeitgeber bescheinigt, dass das Arbeitsverhältnis auf Ihren Wunsch beendet wurde.

Mit der Formulierung „Herr Moosgruber scheidet auf eigenen Wunsch aus unserem Unternehmen aus" wird dies zum Beispiel klargestellt.

Wenn Sie das Arbeitsverhältnis selbst beendet haben, sollten Sie darauf achten, dass Ihr Arbeitgeber es bedauert, dass Sie das Unternehmen verlassen.

Die Schlussformulierung ist folgendermaßen aufgebaut:

Das qualifizierte Zeugnis – die Beurteilung macht's

- Aussage zur Beendigung,
- Dank für geleistete Arbeit,
- Bedauern über das Ausscheiden,
- Wünsche für die Zukunft.

Fehlen hier Worte des Dankes, des Bedauerns und Wünsche für die Zukunft ist durch die Leerstellentechnik einiges gesagt. Nach der Entscheidung des Bundesarbeitsgerichts vom Januar 2001 besteht jedoch kein Anspruch auf eine Schlussformel.

Vorsicht bei folgenden Abschlussformulierungen:

Abschlussformulierung	Das ist gemeint
„Herr Münter scheidet aus eigenem Wunsch aus unserem Unternehmen. Wir wünschen ihm für die Zukunft alles Gute."	Da die Bedauerns- und Dankesformulierung fehlt, können die guten Wünsche den Eindruck erwecken, Herr Münter habe gute Wünsche für die Zukunft nötig.
„Unsere besten Wünsche begleiten ihn."	Durch diese ironische Schlussbemerkung wird das Arbeitszeugnis entwertet.
„Wir wünschen ihm für die Zukunft auf seinem Lebensweg viel Erfolg.	Bei uns hatte er (nämlich) keinen Erfolg.
„Wir wünschen ihm für den weiteren Weg in einem anderen Unternehmen viel Erfolg."	Gut, dass wir ihn los sind.

Kündigung in gegenseitigem Einvernehmen

Wenn Ihr Arbeitsverhältnis im gegenseitigen Einvernehmen endet, sollten Sie Wert darauf legen, dass Ihnen Ihr Arbeitgeber das Ausscheiden auf eigenen Wunsch bestätigt. Das stellt keinen Verstoß gegen die Wahrheitspflicht dar, da bei einer wirklich einvernehmlichen Beendigung der Wunsch, das Arbeitsverhältnis zu beenden auch von Ihnen (mit) ausging. Dass auch Ihr Arbeitgeber die Beendigung des Arbeitsverhältnisses wünschte, kann auch dadurch zum Ausdruck gebracht werden, dass in der Schlussformel auf den Ausdruck des Bedauerns Ihres Ausscheidens verzichtet wird.

Die Formulierung „Das Arbeitsverhältnis endet im gegenseitigen Einvernehmen" ist problematisch. Bei dieser Formulierung ist offensichtlich, dass Differenzen zwischen Ihnen und Ihrem Arbeitgeber bestanden. Wobei jedoch unklar ist, ob Sie die Differenzen verschuldet hatten oder nicht. Ein künftiger Arbeitgeber kann darüber nur spekulieren. Falls er sich durch eine Rückfrage bei Ihrem ehemaligen Arbeitgeber Klarheit verschaffen will, wissen Sie nicht, welche Auskünfte dann telefonisch erteilt werden.

Wurde Ihr Arbeitsverhältnis aufgrund betriebsbedingter Kündigung beendet, dann stellt beispielsweise die nachfolgende Formulierung eine sehr gute Beurteilung aus.

Beispiel

„Das Arbeitsverhältnis von Herrn Münter wurde aus betriebsbedingten Gründen mit dem heutigen Tag beendet. Wir bedauern diese Entwicklung sehr, da wir mit Herrn Münter einen ausgezeichneten Mitarbeiter verlieren. Wir danken ihm für seine bisherige wertvolle Arbeit und wünschen ihm für die Zukunft weiterhin viel Erfolg und persönlich alles Gute."

Ort, Datum, Unterschrift

Auch das Datum und die Unterschrift können in einem Arbeitszeugnis einiges an Information transportieren.

Checkliste: Ort, Datum, Unterschrift

	✔
Sind der Ort und das Ausstellungsdatum genannt?	
Hat Ihr Zeugnis eine höherrangige Person oder ein Mitglied der Geschäftsleitung unterzeichnet?	

Das Ausstellungsdatum Ihres Zeugnisses sollte mit dem Datum der Beendigung Ihres Beschäftigungsverhältnisses übereinstimmen. Wenn eine deutliche Abweichung, also mehrere Wochen oder gar Monate, zwischen Beendigung Ihres Arbeitsverhältnisses und Ausstellung des Zeugnisses liegt, wird das negativ gedeutet. Es ist nicht selten als Hinweis auf Schwierigkeiten bei der Beendigung Ihres Arbeitsverhältnisses zu verstehen. Eine Abweichung von ein bis zwei Wochen ist sicher noch tolerabel, aber gegen alles was darüber hinausgeht, sollten Sie vorgehen.

Ein Arbeitszeugnis, welches nach einigen Monaten nur noch aus der Erinnerung geschrieben wird, ist in den Augen eines Personalverantwortlichen sicherlich viel weniger wert als ein unmittelbar im Anschluss an das Arbeitsverhältnis erstelltes Zeugnis. Auch kann ein sehr spätes Ausstellungsdatum dahingehend interpretiert werden, Sie hätten mit Ihrem ehemaligen Arbeitgeber erst einmal gerichtlich klären lassen, was im

Zeugnis stehen soll. Und welcher Arbeitgeber beäugt das nicht misstrauisch.

Das Zeugnis muss vom Arbeitgeber handschriftlich unterschrieben sein. Fehlt die Unterschrift, liegt der Verdacht nahe, dass sich der Ersteller vom Wortlaut des Zeugnisses distanziert. Der Unterzeichner muss in der Hierarchie des Unternehmens höher stehen als der Empfänger des Zeugnisses.

> ■ Je höher der Aussteller des Zeugnisses in der Hierarchie des Unternehmens steht, desto wertvoller wird Ihr Zeugnis beurteilt. ■

Am besten ist es, wenn der Inhaber des Unternehmens oder sein Vertreter Ihr Zeugnis unterschreiben. Bei größeren Firmen ist es üblich, dass der Leiter der Personalabteilung und Fachvorgesetzte das Zeugnis unterschreiben. Bei leitenden Angestellten sollte das Arbeitszeugnis von einem Mitglied der Geschäftsführung unterschrieben sein. Nach einer Entscheidung des Bundesarbeitsgerichts aus dem Jahr 2001 muss das Arbeitszeugnis sogar von einem Mitglied der Geschäftsführung unterzeichnet werden, wenn ein Arbeitnehmer der Geschäftsführung direkt unterstellt gewesen ist. Dabei muss aus dem Zeugnis die Position des Unterzeichnenden als Mitglied der Geschäftsleitung hervorgehen.

Da Unterschriften manchmal sehr schwer lesbar sind, ist es ratsam, wenn in Maschinenschrift die Funktionsbezeichnung unter der Unterschrift steht.

Eine Übersicht, welche Formulierungen welcher Note entsprechen, finden Sie im Anhang.

Besonderheiten beim Zeugnis für Führungskräfte

Auch Führungskräfte und leitende Angestellte haben einen Anspruch auf ein Zeugnis. Alle oben genannten Forderungen gelten daher auch für Zeugnisse für Führungskräfte. In den nachfolgenden Ausführungen gehen wir noch intensiver auf die Themen ein, die speziell für Führungskräfte von Wichtigkeit sind.

Die Führungsleistung

Die Führungsleistung wird ausschließlich in Zeugnissen für Führungskräfte beurteilt. Wichtige Gesichtspunkte bei der Aussage zur Kompetenz der Mitarbeiterführung sind:

- die Anzahl und Qualifikation der unterstellten Mitarbeiter,
- die Delegation von Verantwortung,
- die Motivation und Arbeitszufriedenheit,
- das Klima und der Zusammenhalt in der Abteilung/Gruppe,
- die Erfolge bei der Mitarbeiterauswahl,
- die erzielten Gruppen- und Abteilungsergebnisse,
- der Umfang der Kompetenzen und Befugnisse.

Zunächst gehört in das Zeugnis für Führungskräfte eine detaillierte Positions- und Aufgabenbeschreibung, die den Verantwortungsbereich genau wiedergibt. Wie viele Mitarbeiter Sie z. B. geführt haben oder wie gut Sie Ihre Mitarbeiter zu motivieren verstanden, muss selbstverständlich auch im Zeug-

nis einer Führungskraft vermerkt werden. Die Führungsum-
stände sollten genannt und Ihre Führungsleistung sollte beurteilt sein.

Checkliste: Positions- und Aufgabenbeschreibung von Führungskräften

	✔
Enthält Ihr Zeugnis Aussagen zu Ihrer hierarchischen Position (Einordnung im Unternehmen, an wen Sie berichtet haben)?	
Sind Aussagen enthalten zu Ihrem Verantwortungsbereich?	
Ist beschrieben, welche Vollmachten Sie hatten?	
Falls Sie Prokura hatten, sind dazu die richtigen Aussagen enthalten?	

Checkliste: Führungsumstände und Führungsleistung bei Vorgesetzten

Formulierung im Zeugnis	o. k	nicht o. k.
Ist die Zahl der Mitarbeiter, die Sie direkt zu führen hatten, genannt?	❏	❏
Sind Aussagen enthalten, welche Art von Mitarbeitern Sie geführt haben?	❏	❏
Ist ausgeführt, wie die Leistung der zugeordneten Mitarbeiter war?	❏	❏

Besonderheiten beim Zeugnis für Führungskräfte

Sind Ausführungen hinsichtlich der Zufriedenheit Ihrer Mitarbeiter (Arbeitsklima) enthalten?	❏	❏
Wird Ihre Motivationsfähigkeit mit präzisen Worten beschrieben?	❏	❏
Ist die Art Ihrer Zusammenarbeit gut beurteilt?	❏	❏
Was ist mit der Aussage zu Ihrer Fähigkeit zu delegieren?	❏	❏
Werden Ihre organisatorischen Fähigkeiten beurteilt?	❏	❏
Wie sind die Aussagen zu Ihrem Informationsverhalten gegenüber Vorgesetzten und Mitarbeitern?	❏	❏
Was ist mit Ausführungen zum Thema Förderung Ihrer Mitarbeiter?	❏	❏
Enthält Ihr Zeugnis Aussagen über Ihre Fähigkeit andere Menschen zu führen?	❏	❏
Wie werden Ihre Leistungen beurteilt?	❏	❏
Wid Ihnen Erfolg bescheinigt?	❏	❏
Werden in Ihrem Zeugnis sowohl Ihre Führungsleistungen als auch deren Auswirkungen auf das Betriebsergebnis beschrieben?	❏	❏

Wie wird der Grad der Zufriedenheit mit Ihren Leistungen ausgedrückt?	❏	❏
Sind in Ihrem Zeugnis angemessene Ausführungen zu Ihrer Verantwortungs-bereitschaft enthalten?	❏	❏
Werden in Ihrem Zeugnis Banalitäten besonders gelobt?	❏	❏
Gibt es Ihrem Zeugnis äußerst knappe Formulierungen?	❏	❏
Was wird in Ihrem Zeugnis über die Zusammenarbeit mit Ihren Mitarbeitern und Vorgesetzten gesagt?	❏	❏

Ihre Leistungen als Vorgesetzter: So sollte Ihr Zeugnis aussehen

Wenn Sie sich als Führungskraft auf eine leitende Position be-werben, dann interessieren den potenziellen neuen Arbeitge-ber neben Ihrem Fachwissen insbesondere Ihre Leistungen in Sachen Menschenführung. Entscheidend für den Arbeitgeber bei der Wahl einer neuen Führungskraft ist deren Fähigkeit, ein positives und produktives Arbeitsklima zu schaffen, die Mitarbeiter zu motivieren und zu Höchstleistungen zu führen.

Im Zeugnis einer Führungskraft werden daher Aussagen zu ihren Führungsleistungen erwartet. In jedem Fall sollten in Ihrem Zeugnis Aussagen zu den Führungsumständen und Ih-rer *Führungsleistung* enthalten sein, also zur Anzahl der von

Ihnen geführten Mitarbeiter, zur Leistung, die Ihre Mitarbeiter unter Ihrer Führung erbracht haben, und zur Arbeitsatmosphäre in Ihrem Bereich.

In einem Zeugnis für gute Führungskräfte werden auch Ausführungen zu ihrem *Führungsstil*, also der Art der Zusammenarbeit, ihrer Fähigkeit zu delegieren und zu organisieren und ihrem Erfolg gemacht.

Wenn Ausführungen zu diesen Punkten fehlen oder zu kurz geraten sind, sollten Sie dies beanstanden. Denn aufgrund der Leerstellentechnik kann dieses Fehlen von Aussagen versteckte Kritik an Ihren Leistungen als Führungskraft bedeuten. Fassen Sie in derartigen Fällen frühzeitig beim Ersteller des Zeugnisses nach, denn es muss ja nicht immer böser Wille dahinter stehen.

Werden in Ihrem Zeugnis z. B. sehr wohl lobende Ausführungen zu Ihrem Führungsstil gemacht, aber die Aussagen zu den Leistungen der Mitarbeiter fehlen, so kann damit die Botschaft verbunden sein, Sie hätten als Führungskraft versagt.

Beispiel

Die Formulierung könnte zum Beispiel so lauten: „Durch seinen kooperativen Führungsstil verstand es Herr Leutinger, seine Mitarbeiter zu motivieren." oder „Wegen seines kooperativen Führungsstils war Herr Leutinger bei seinen Mitarbeitern sehr beliebt."

Wenn Ihnen nur bescheinigt wird, dass Sie mit Ihren Mitarbeitern gut auskommen, wie steht es da mit Ihrer Leistungsbezogenheit?

Achten Sie darauf, dass Ihnen bescheinigt wird, dass Sie als Vorgesetzter auch geachtet und anerkannt wurden. Bei leitenden Angestellten muss das Zeugnis Aussagen über die Führungsqualitäten und ihre Loyalität zum Unternehmen enthalten.

■ **Vorsicht:** Wird Ihnen als höherqualifizierter Führungskraft Ordentlichkeit und Pünktlichkeit bestätigt, stellt dies eine bewusste Abwertung dar. ■

Wie war Ihre Informationspolitik?

Ein sehr wichtiger Punkt für Führungskräfte ist der Umgang mit Information. Eine gute Führungskraft muss ihre Mitarbeiter rechtzeitig mit den Informationen versorgen, die sie zur Erfüllung ihrer Aufgaben benötigen. Eine offene Informationspolitik kennzeichnet daher eine gute Führungskraft.

Beispiel

Eine gute Beurteilung lautet: „Stets informierte er die Mitarbeiter vollständig und hielt sie so in geschäftlichen Angelegenheiten ständig auf dem aktuellsten Stand."

Lesen Sie die folgenden Formulierung im Vergleich und Sie merken den Unterschied in der Beurteilung: „Er informierte seine Mitarbeiter regelmäßig über das sachlich Notwendige." oder „Herr Leutinger war stets bestrebt, die von der Geschäftsleitung erteilten Informationen an seine Mitarbeiter weiterzugeben."

Mit der Formulierung „er informierte über das sachlich Notwendige" kommt zum Ausdruck, dass Herr Leutinger seinen Mitarbeitern Informationen vorenthielt. Auch die Formulierung „er war bestrebt" macht deutlich, dass Herr Leutinger unfähig war, seine Mitarbeiter richtig zu informieren.

Haben Sie Ihre Mitarbeiter gefördert?

Es ist Ihre Aufgabe als verantwortungsvolle Führungskraft, das Potenzial Ihrer Mitarbeiter zu nutzen und zu fördern. Die Formulierung „Herr Friedel zeigte sich aufgeschlossen für die Weiterbildung der Mitarbeiter", deutet darauf hin, dass hier einiges im Argen lag.

Führungsstil

Autoritäre Führungsstile werden z. B. mit „straff demokratisch" oder „Er führte mit fester Hand" umschrieben.

Einer Wertung durch den Zeugnisersteller bedürfen derartige Beurteilungen nicht mehr. Der potenzielle neue Arbeitgeber kann dann selbst einschätzen, ob er einen derartigen Führungsstil in seinem Unternehmen wünscht.

Besitzen Sie Überzeugungskraft?

Um Menschen erfolgreich zu führen, zu begeistern und zu motivieren, benötigt ein Vorgesetzter Überzeugungskraft. Eine gute Beurteilung lautet beispielsweise: „Herr Müller verstand es, die Mitarbeiter zu überzeugen."

Führungskompetenz

Sehr gut	„Er motivierte die ihm unterstellten Mitarbeiter durch seine fach- und personenbezogene Führung stets zu sehr guten Leistungen." „Er delegierte die Arbeit in seiner Abteilung hervorragend und übertrug den einzelnen Mitarbeitern eigenverantwortliche Tätigkeiten. Das Klima in der Abteilung war außergewöhnlich gut und führte zu hervorragenden Ergebnissen."
Gut	„Er motivierte die ihm unterstellten Mitarbeiter durch seine fach- und personenbezogene Führung stets zu guten Leistungen." „Unter seiner Leitung haben sich Leistung und Teamgeist in seinem Verantwortungsbereich innerhalb kurzer Zeit positiv entwickelt."

Befriedigend	„Er motivierte die ihm unterstellten Mitarbeiter durch eine fach- und personenbezogene Führung zu guten Leistungen." „Er führte seine Mitarbeiter zielbewusst und konsequent zu voll zufriedenstellenden Leistungen."
Ausreichend	„Er motivierte die ihm unterstellten Mitarbeiter zu zufriedenstellenden Leistungen." „Er leitete seine Mitarbeiter stets zu voll befriedigenden Leistungen an."
Mangelhaft	„Er motivierte die ihm unterstellten Mitarbeiter insgesamt zu zufriedenstellenden Leistungen." „Er bemühte sich, stets ein guter Vorgesetzter zu sein, der durch klare Anweisungen innerhalb seiner Abteilung vernünftige Arbeitsergebnisse erzielt."
Ungenügend	„Er versuchte seine Mitarbeiter zu motivieren, wo er konnte." „Er bemühte sich sehr, seine Mitarbeiter zu motivieren."

Was Sie beim Zwischenzeugnis beachten müssen

Zwischenzeugnisse sind eher die Ausnahme. Ein Zwischenzeugnis erhält man nur, wenn das Arbeitsverhältnis weiter fortbesteht. Ein Zwischenzeugnis wird Ihnen z. B. dann ausgestellt, wenn Ihr Vorgesetzter wechselt oder wenn Sie innerhalb Ihres Betriebes einen neuen Aufgabenbereich übernehmen.

Sie haben dabei keinen Anspruch auf die exakte Übernahme bestimmter Formulierungen aus Ihrem Zwischenzeugnis in ein späteres Endzeugnis. Das Zwischenzeugnis hat jedoch eine starke Indizwirkung auf das Endzeugnis. Wenn Ihr Arbeitgeber von bestimmten Formulierungen aus dem Zwischenzeugnis abweicht, muss er die Gründe für die Abweichung beweisen. Hat Ihr Arbeitsverhältnis jedoch mehrere Jahre lang bestanden und hat Ihnen Ihr Arbeitgeber erst vor wenigen Monaten ein Zwischenzeugnis ausgestellt, dann muss er sich auch im Endzeugnis an die Leistungsbeurteilung des Zwischenzeugnisses halten.

Die Überschrift

Ein Zwischenzeugnis muss in der Überschrift auch die Bezeichnung „Zwischenzeugnis" führen.

Die Zeitform

Das Zwischenzeugnis ist ein sogenanntes „vorläufiges Zeugnis". Ihr Arbeitszeugnis wird daher normalerweise in der Gegenwartsform, also im Präsens geschrieben, da Ihre Tätigkeit ja fortdauert und Sie Ihre Leistungen zum Zeitpunkt der Zeugniserstellung noch erbringen.

Wenn ein zeitlich bereits abgeschlossener Vorgang beschrieben wird, wie z. B. Ihre frühere Tätigkeit in einem anderen Aufgabenbereich, dann ist das Imperfekt zu benutzen.

Beispiel

„Herr Zuckermeyer wurde zunächst als Junior-Controller in der Abteilung Finanzbuchhaltung und Controlling mit der Erstellung von Statistiken nach

Vorgaben betraut. Mit Wirkung zum 01.10.1999 wurde er zum Controller befördert.

Sein Aufgabenbereich umfasst hier: ... „Weiterhin führt Herr Zuckermeyer die jährliche Investitionsplanung durch."

Die Schlussformulierung

Die für Endzeugnisse typische Schlussformulierung des Dankes und des Bedauerns des Ausscheidens, entfällt natürlich beim Zwischenzeugnis. Statt dessen steht im letzten Passus, warum das Zwischenzeugnis ausgestellt wurde. Außerdem kann hier Ihr Arbeitgeber besondere Hinweise auf Ihre Qualifikation aufnehmen.

Beispiele

„Dieses Zwischenzeugnis wird Frau Bauer aus Anlass der Versetzung ihres Vorgesetzten ausgestellt."

„Dieses Zwischenzeugnis stellen wir Herrn Hilbert im Zusammenhang mit einer geplanten Weiterbildungsmaßnahme zur Vorlage bei der Industrie- und Handelskammer aus."

„Auf Veranlassung der direkten Vorgesetzten, die zum Monatsende ausscheidet, erstellen wir Frau Martin unaufgefordert dieses Zwischenzeugnis. Verbunden damit ist unser Dank für die bisher für unser Unternehmen erbrachten Leistungen und der Wunsch nach einer weiteren vertrauensvollen Zusammenarbeit."

Im Hinblick auf Inhalt und äußere Form gelten für das Zwischenzeugnis die gleichen Grundsätze wie für das Endzeugnis. Es kann auch als einfaches Zeugnis auf Art und Dauer des Beschäftigungsverhältnisses beschränkt sein. In aller Regel werden Sie als Arbeitnehmer freilich ein qualifiziertes Zwischenzeugnis wünschen, das eine Beurteilung Ihrer Leistung und Führung enthält.

Was ins Ausbildungszeugnis gehört

Die Überschrift

Das Ausbildungszeugnis sollte in der Überschrift als „Ausbildungszeugnis" bezeichnet werden.

Der Aufbau des Ausbildungszeugnisses

Das Ausbildungszeugnis enthält die Angaben zur Person und daran anschließend die Dauer und die Bezeichnung der Ausbildung. Anschließend wird der Ausbildungsgang beschrieben und die durchlaufenen Ausbildungsbereiche. Im qualifizierten Ausbildungszeugnis folgt dann die Bewertung der Leistung und Fähigkeiten sowie die Führung des Auszubildenden.

Nach dem Gesetzeswortlaut sind diese Angaben nur auf Verlangen des Auszubildenden aufzunehmen; aber viele Arbeitgeber sind dazu übergegangen diese Angaben unaufgefordert in das Zeugnis aufzunehmen, da sonst erhebliche Mängel beim Auszubildenden vermutet werden. Wenn der Auszubildende jedoch widerspricht, dürfen die Angaben über Führung und Leistung nicht aufgenommen werden.

Der Ausstellungszeitpunkt und die Unterschrift

Der Auszubildende muss bei Beendigung des Ausbildungsverhältnisses ein Ausbildungszeugnis erhalten, das vom Lehrherren (Ausbildenden) unterschrieben sein muss. Wenn der Ausbildende die Ausbildung nicht selbst durchgeführt hat, muss auch der Ausbilder das Zeugnis mit unterschreiben.

Das Praktikums-, Ferien- und Nebenjobzeugnis

Auch kurzfristige Beschäftigungsverhältnisse sind ein guter Anlass, sich ein Zeugnis ausstellen zu lassen. Eine halbe Seite reicht bei einer kurzfristigen Tätigkeit aus. Für den Aufbau und den Inhalt dieser Zeugnisse gilt grundsätzlich das Gleiche wie beim einfachen und beim qualifizierten Zeugnis.

Beim Praktikumszeugnis wird die Ausbildungsstätte erst dann ein Zeugnis über die Praktikantenzeit ausstellen, wenn der Praktikant seinen Praktikantenbericht vorgelegt hat. Im Praktikantenzeugnis werden die ordnungsgemäße Durchführung des Praktikums und die erfolgreiche Teilnahme bescheinigt.

Was nicht im Zeugnis stehen darf

Es gibt einige Dinge, die in einem Arbeitszeugnis gar nicht erscheinen dürfen. Wahr oder unwahr spielt dabei keine Rolle. Ihr Arbeitgeber darf in Ihr Zeugnis nicht aufnehmen:

- Ihre Mitgliedschaft in einer Partei oder Gewerkschaft,

- Ihre Zugehörigkeit zum Personal- oder Betriebsrat,

- Details aus Ihrem Privatleben – ausgenommen Vorfälle, die einen direkten Einfluss auf Ihre berufliche Leistungsfähigkeit und Ihr Arbeitsverhalten haben/hatten,

- die Höhe Ihres Lohns/Gehalts,

- tatsächliche Unterbrechungen, z.B. infolge Urlaub, Wehr- oder Zivildienst, Elternzeit oder lang andauernder Krankheit. Ausnahme: wenn Ihre Abwesenheit in Relation zur Betriebszugehörigkeit über 50% betrug (Urteil BAG Mai 2005).

- Informationen über Alkoholgenuss,
- Abmahnungen,
- Nebentätigkeiten,
- Schwerbehinderung,
- Kündigungsgründe (diese dürfen nur dann im Zeugnis auftauchen, wenn dies vom Mitarbeiter ausdrücklich verlangt wird),
- den – auch dringenden – Verdacht strafbarer Handlungen,
- Vorstrafen – es sei denn, diese haben die Leistungsfähigkeit und das Arbeitsverhalten erheblich und maßgeblich beeinflusst,
- den Kündigungsgrund, wenn dieser für den Arbeitnehmer nachteilig ist,
- gerichtliche Auseinandersetzungen zwischen Ihnen und Ihrem Arbeitgeber.
- Verboten sind schließlich boshafte Formulierungen, wie z. B.: „Die Auszubildende tut recht daran, aus dem kaufmännischen Beruf auszuscheiden, da sie im Rechnen Schwierigkeiten hat."

Negative Tatsachen dürfen nur dann erwähnt werden, wenn sie beweisbar sind. Dann darf der Arbeitnehmer sogar sehr harte Formulierungen verwenden. Denn falls schwerwiegende Leistungsmängel verschwiegen werden und der nächste Arbeitgeber dadurch einen Schaden erleidet, kann dieser den Zeugnisaussteller regresspflichtig machen.

Geheimcode und Geheimzeichen in Zeugnissen

Geheimcode

Das Wort „Geheimcode" geistert immer wieder durch die Literatur und hält sich beharrlich in der Arbeitswelt. Eines ist sicher, einen Geheimcode im Sinne einer geheimen Vereinbarung über die Verschlüsselung von Zeugnissen gibt es nicht.

Dennoch: Wie Sie auf den vorherigen Seiten bemerkt haben, werden Zeugnisse anders geschrieben als dies im normalen Leben üblich wär. Die Zeugnissprache hat mit dem allgemeinen Sprachgebrauch oft nur noch wenig gemein. Und es gibt eine Reihe von Formulierungen, die von Arbeitgebern verwendet werden, um damit ganz bestimmte Informationen zu transportieren. Solche festgelegten Formulierungen sind keine Theorie, sondern gängige Praxis. Nicht alle Verklausulierungen sind dabei für den Arbeitnehmer negativ. Die Bedeutung der nachfolgend zusammengestellten Formulierungen sollten Sie jedoch auf jeden Fall kennen und darauf achten, dass derartige Formulierungen in Ihrem Zeugnis nicht enthalten sind.

Verschlüsselter Zeugnistext	Tatsächlich gemeinte Bedeutung
„Im Kollegenkreis galt er als toleranter Mitarbeiter."	Vorgesetzte hatten es mit ihm schwer.
„Er hat sich im Rahmen seiner Fähigkeiten eingesetzt."	Er hat getan, was er konnte, das war jedoch nicht viel.

Geheimcode und Geheimzeichen in Zeugnissen

„Er zeigte für die Arbeit Verständnis."	Er war faul und hat nichts geleistet.
„Er war mit Interesse bei der Sache."	Er hat sich angestrengt, aber nichts getan.
„Er hat sich mit großem Eifer an die Arbeit gemacht und war trotzdem erfolgreich.	Seine Leistungen waren dennoch mangelhaft.
„Wir lernten ihn als umgänglichen Kollegen kennen."	Viele sahen ihn lieber von hinten.
„Durch ihre Geselligkeit trug sie zur Verbesserung des Betriebsklimas bei."	Sie neigt zu übertriebenem Alkoholgenuss.
„Mit seinen Vorgesetzten ist er immer gut ausgekommen."	Er ist ein nach oben gut und um jeden Preis angepasst.
„Während der Zeit seiner Anwesenheit hat er durchaus gute Leistungen erbracht."	Er neigt zum Bummeln.
„Für die Belegschaft bewies er ein umfassendes Einfühlungsvermögen."	Er war homosexuell veranlagt.
„Er hat alle Arbeiten ordnungsgemäß erledigt."	Er ist ein Bürokrat ohne Initiative.
„Sie ist eine gewissenhafte Mitarbeiterin."	Sie ist zur Stelle, wenn man sie braucht, allerdings ist sie nicht immer brauchbar.
„Er erwies sich als anspruchsvoller und kritischer Mitarbeiter."	Sein eigensüchtiges Verhalten hat das Betriebsklima belastet.

„Er war tüchtig und wusste sich zu verkaufen."	Er war ein unangenehmer Wichtigtuer.
„Er hat sich engagiert für Arbeitnehmerinteressen eingesetzt."	Er war aktives Gewerkschaftsmitglied und eventuell streitbarer Betriebsrat.
„Er machte häufig Vorschläge zu Arbeitserleichterungen."	Er war ein fauler und bequemer Arbeitnehmer, dem es an ausreichendem Einsatz mangelte. Etwas anderes gilt allerdings bei dem Zusatz „... wodurch Produktionskosten eingespart werden konnten". Dann wird dem Arbeitnehmer nämlich ein Blick für Innovationen bescheinigt.
„Er war immer für einen Verbesserungsvorschlag gut."	Eine sehr zweischneidige Bemerkung! Wenn sie nicht mit Zusätzen garniert ist, die klar stellen, dass die Verbesserungsvorschläge auch umgesetzt wurden, wird der Arbeitnehmer durch diese Beurteilung als Querulant und Besserwisser entlarvt.

Geheimzeichen

Auch so etwas gibt es: Geheimzeichen, wie z. B. Patzer, Häkchen und Striche, die die Mitgliedschaft in der Gewerkschaft offen legen sollen. Solche Zeichen sind jedoch verboten.

Alle Hinweise auf das Privatleben des Arbeitnehmers, aber auch eine eventuelle Betriebsrats- oder Gewerkschaftstätigkeit gehören generell nicht in ein Zeugnis, es sei denn, der Arbeitnehmer wäre damit einverstanden. Achten Sie deshalb auf Patzer oder Flecken auf Ihrem Zeugnis, es muss ja nicht immer ein böser Wille Ihres Arbeitgebers dahinterstecken – Ihr

„Während der Zeit seiner Anwesenheit hat er durchaus gute Leistungen erbracht."

potenzieller neuer Arbeitgeber könnte aber etwas daraus ablesen, was nicht in Ihrem Sinne wäre.

Zeichen	Bedeutung
senkrechter Strich mit Kugelschreiber/Füllhalter, links von der Unterschrift stehend, der aussieht wie ein „Ausrutscher"	Mitglied einer Gewerkschaft
ein so genannter „Ausrutscher" (nur Häkchen) nach rechts	Mitglied einer rechtsstehenden Partei
ein sogenannter „Ausrutscher" (nur Häkchen) nach links	Mitglied einer linksstehenden Partei
ein sogenannter „Doppelausrutscher" (Doppelhäkchen) nach links	Mitglied einer linksgerichteten, verfassungsfeindlichen Organisation

Rechtliche Grundlagen für das Zeugnis

Wann haben Sie Anspruch auf ein Arbeitszeugnis? Und wie können Sie Ihre Ansprüche dann auch durchsetzen?

Die meistgestellten Fragen

Bevor wir näher darauf eingehen, was für Sie aus rechtlicher Sicht zum Arbeitszeugnis interessant sein könnte, seien vorab einige typische Fragen zum Thema „Zeugnis" beantwortet.

Bekomme ich automatisch mein Arbeitszeugnis oder muss ich etwas tun?

In der Praxis erhalten Sie Ihr Zeugnis und Ihre Arbeitspapiere meist automatisch bei Beendigung eines Arbeitsverhältnisses. Dazu ist der Arbeitgeber jedoch nicht verpflichtet. Streng genommen sind Sie als Arbeitnehmer, der ein Zeugnis haben möchte, verpflichtet, die Ausstellung eines Arbeitszeugnisses ausdrücklich zu verlangen. Wenn Sie um ein Arbeitszeugnis bitten und nicht ausdrücklich sagen, dass Sie ein qualifiziertes Zeugnis wünschen, kann Ihnen auch ein einfaches Arbeitszeugnis ausgestellt werden. Die Ausstellung des qualifizierten Zeugnisses müssen Sie also ausdrücklich verlangen.

Nach einer Entscheidung des Landesarbeitsgerichts Rheinland-Pfalz im Jahr 2003 erlischt Ihr Anspruch auf ein Zeugnis wie jeder andere schuldrechtliche Anspruch mit seiner ordnungsgemäßen Erfüllung. Wenn Ihnen Ihr Arbeitgeber auf Ihren Wunsch ein einfaches Arbeitszeugnis ausgestellt hat, können Sie nur unter besonderen Voraussetzungen später noch ein qualifiziertes Zeugnis verlangen.

Ich habe ein sehr gutes Zwischenzeugnis von meinem ehemaligen Vorgesetzten erhalten. Muss sich mein Arbeitgeber daran halten, wenn ich jetzt ein Endzeugnis ausgestellt haben will, da ich kündigen werde?

Wenn Ihnen Ihr Arbeitgeber ein Zwischenzeugnis ausstellt und Sie kurze Zeit später aus dem Unternehmen ausscheiden, ist er an die Beurteilungen im Zwischenzeugnis gebunden (Indizwirkung; siehe auch Kapitel *Zwischenzeugnis* S. 72).

Mein Arbeitgeber hat mir mein Zeugnis in einem Briefumschlag übergeben und mein Zeugnis deshalb zweimal gefaltet. Darf er das?

Diese Frage hat das Bundesarbeitsgericht am 21. September 1999 bejaht. Das Bundesarbeitsgericht entschied, dass es nicht zu beanstanden sei, wenn der Arbeitgeber ein Zeugnis faltet, um es in einem Umschlag in einem kleineren Format unterzubringen. Es gebe keine allgemeine Praxis, Zeugnisse grundsätzlich nur in einer Versandtasche DIN A4 zu versenden.

Bis dahin konnte ein gefaltetes Zeugnis vom Arbeitnehmer wegen schlechter Form zurückgewiesen werden. Die Frage, ob ein Arbeitgeber ein Zeugnis mehrfach falten dürfe, um es in einen Umschlag stecken zu können, ging durch alle Instanzen.

■ Wenn Sie ein gutes Verhältnis zu Ihrem Arbeitgeber hatten, sollten Sie ihn vorsichtshalber dennoch um ein ungefaltetes Zeugnis bitten. Nicht jeder Personalchef kennt die neueste Rechtsprechung. ■

In meinem Zeugnis sind längere Krankheitszeiten aufgeführt. Darf das sein?

Im Zeugnis haben weder Vermerke über längere noch kürzere Krankheitszeiten etwas zu suchen. Es ist auch nicht erlaubt, Tätigkeiten als Betriebsratsmitglied oder einmalige Vorfälle und Umstände, die für das Arbeitsverhältnis nicht kennzeichnend sind, in das Zeugnis zu schreiben. Auch Privates gehört nicht ins Arbeitszeugnis.

Darf mein neuer Arbeitgeber bei meinem alten Chef anrufen und wegen meiner Person und Leistung nachfragen?

Die Rechtsprechung erlaubt dem Arbeitgeber, Auskünfte einzuholen. Es ist allerdings problematisch, wenn bei solchen Gesprächen Dinge bekannt gegeben werden, die über den Zeugnisinhalt hinausgehen. Auf keinen Fall dürfen Auskünfte erteilt werden, die das Persönlichkeitsrecht verletzen. Auf Verlangen muss Ihnen der Arbeitgeber mitteilen, welche Auskünfte er weitergegeben hat. Sind die Auskünfte falsch oder unzulässig haftet der alte Arbeitgeber auf Schadenersatz.

Mein Personalchef verweigert mir die Herausgabe meiner Arbeitspapiere. Wie kann ich sie bekommen?

Notfalls durch Klage vor dem Arbeitsgericht. Nach Beendigung des Arbeitsverhältnisses hat der Arbeitgeber Ihre Arbeitspapiere herauszugeben. Dazu gehören Urlaubsbescheinigungen, Versicherungsausweise und Lohnsteuerkarte.

Hat der Betriebsrat Mitbestimmungsrechte bei Arbeitszeugnissen?

Bei der Abfassung von Einzelzeugnissen hat der Betriebsrat kein Mitbestimmungsrecht, wohl aber bei der Aufstellung von allgemeinen Grundsätzen für die Abfassung von Arbeitszeugnissen (siehe dazu § 94 Absatz 2 des Betriebsverfassungsgesetzes).

*Arbeitsbescheinigung oder Arbeitszeugnis –
was ist der Unterschied?*

Die Arbeitsbescheinigung ist kein Arbeitszeugnis. Der Arbeitgeber hat bei Beendigung eines Beschäftigungsverhältnisses nach § 133 AFG dem Arbeitgeber eine Arbeitsbescheinigung auszustellen und auszuhändigen. Er muss dafür den Vordruck der Bundesanstalt für Arbeit verwenden. In dieser Arbeitsbescheinigung hat der Arbeitgeber alle Tatsachen zu bescheinigen, die für die Entscheidung über den Anspruch auf Arbeitslosengeld erheblich sein können. Das sind z. B. die Art der Tätigkeit, der Beginn, das Ende, Unterbrechungen und der Grund für die Beendigung des Beschäftigungsverhältnisses sowie das Arbeitsentgelt und die sonstigen Leistungen, die der Arbeitnehmer erhalten hat oder beanspruchen kann.

Wenn der Arbeitnehmer für die Zeit nach Beendigung des Beschäftigungsverhältnisses kein Arbeitslosengeld beantragen will, dann braucht der Arbeitgeber nur Beginn, Ende und Unterbrechungen des Beschäftigungsverhältnisses zu bescheinigen.

Wer hat Anspruch auf ein Zeugnis?

Jeder, der eine unselbstständige Tätigkeit für jemanden ausübt, von dem er wirtschaftlich abhängig ist, und sozial schutzbedürftig ist, hat Anspruch auf ein Zeugnis. D. h. wenn Sie Arbeitnehmer, also Arbeiter oder Angestellter oder einem Arbeitnehmer ähnlich sind oder sich in der Ausbildung befinden, können Sie ein Arbeitszeugnis von Ihrem Arbeitgeber verlangen. Anspruch auf ein Zeugnis haben also:

- Arbeitnehmer,
- leitende Angestellte,
- Arbeitnehmer mit Probezeit,
- Teilzeitbeschäftigte,
- Aushilfskräfte,
- Auszubildende,
- freie Mitarbeiter, wenn das Dienstverhältnis bei Vertragsabschluss auf Dauer angelegt war oder eine gewisse Dauer bestanden hat.
- Geschäftsführer einer GmbH, wenn er nicht Gesellschafter ist.

Wann bekommen Sie ein Zeugnis?

Normalerweise bekommen Sie nur dann ein Zeugnis, wenn die Voraussetzungen dafür auch vorliegen und wenn Sie von Ihrem Arbeitgeber verlangen, es Ihnen auszustellen. Die meisten Arbeitgeber händigen Ihren Mitarbeitern freilich automatisch und ohne Aufforderung ein Zeugnis aus, wenn Sie aus dem Unternehmen ausscheiden. Das ist sehr zuvorkommend, aber rechtlich sind sie nicht dazu verpflichtet.

Bitten Sie Ihren Arbeitgeber rechtzeitig um Ihr Zeugnis

Sie müssen Ihrem Arbeitgeber mitteilen, dass Sie ein Zeugnis wollen und auch ob Sie ein einfaches oder ein qualifiziertes Zeugnis ausgestellt haben möchten. Wenn Sie z. B. Ihr Arbeitsverhältnis kündigen, können Sie Ihren Arbeitgeber auch gleich um ein Arbeitszeugnis bitten. Ihr Arbeitgeber ist dann verpflichtet, Ihnen unverzüglich ein Zeugnis auszustellen und zur Abholung bereitzulegen. Er muss es Ihnen normalerweise nicht einmal zuschicken. Sie müssen Ihr Zeugnis vielmehr selbst bei ihm abholen (sog. Holschuld).

Wenn Sie jedoch bereits vor Ihrem Ausscheiden, z. B. bei der Abgabe Ihres Kündigungsschreibens, die Ausstellung Ihres Zeugnisses verlangt haben und es zum Zeitpunkt Ihres letzten Arbeitstages noch nicht vorlag, dann muss Ihnen Ihr Arbeitgeber Ihr Arbeitszeugnis zusenden (sog. Schickschuld).

In Einzelfällen kann der Arbeitgeber freilich auch schon mal gehalten sein, Ihnen Ihr Arbeitszeugnis zuzuschicken. Zum Beispiel dann, wenn es für Sie mit unverhältnismäßig hohen Kosten oder Mühen verbunden wäre, Ihre Arbeitspapiere abzuholen.

Wann haben Sie Anspruch auf ein Zeugnis?

Welche Voraussetzungen erfüllt sein müssen, um ein Arbeitszeugnis zu erhalten, hängt vor allem davon ab, welches Zeugnis Sie sich ausstellen lassen wollen. Je nachdem, ob es sich um ein Endzeugnis, ein Zwischenzeugnis, oder ein Ausbildungszeugnis handelt, greifen unterschiedliche Vorschriften.

Die Ausstellung eines Endzeugnisses

Wenn Ihr Arbeitsverhältnis beendet ist, können Sie von Ihrem Arbeitgeber das Endzeugnis verlangen. Sie können freilich auch gleich mit Ihrer Kündigungserklärung darum bitten. Das hat den Vorteil, dass Sie Ihr Zeugnis an Ihrem letzten Arbeitstag vielleicht gleich mitnehmen können. Ob Sie selbst gekündigt haben, entlassen worden sind oder einen Aufhebungsvertrag vereinbart haben, spielt dabei keine Rolle.

■ Auch wenn Sie während Ihres Arbeitsverhältnisses auf Ihren Zeugniserteilungsanspruch verzichtet haben oder einen entsprechenden Erlassvertrag mit Ihrem Arbeitgeber abgeschlossen haben, können Sie ein Zeugnis verlangen. Denn: auf Ihren (unabdingbaren) Zeugnisanspruch können Sie während eines bestehenden Arbeitsverhältnisses nicht verzichten, die entsprechende Erklärung bzw. der Erlassvertrag ist also unwirksam. ■

Sie haben auch dann noch Anspruch auf ein Zeugnis, wenn Sie bei Beendigung Ihres Arbeitsverhältnisses eine allgemein gefasste Ausgleichsquittung oder eine allgemeine Abgeltungsklausel unterschreiben. Außer Sie vereinbaren ausdrücklich, dass Ihr Zeugnisanspruch erledigt sein soll.

Die Ausstellung eines Zwischenzeugnisses

Sie können immer dann um ein Zwischenzeugnis bitten, wenn Sie (noch) nicht gekündigt haben, aber ein berechtigtes Interesse an der Ausstellung eines Zeugnisses besteht. Sie können sich Ihre bisherigen Leistungen in einem Zwischenzeugnis dann dokumentieren lassen, wenn

■ Sie auf der Suche nach einem neuen Arbeitsplatz sind,

■ Sie an einer Fortbildungsmaßnahme teilnehmen wollen und dafür die Vorlage eines Zeugnisses gefordert wird,

■ Ihr direkter Vorgesetzter wechselt,

- Ihr Aufgabenbereich sich stark verändert,
- Sie sich im Betrieb auf eine andere Stelle bewerben wollen,
- Sie sich in einen anderen Unternehmensbereich versetzen lassen,
- die Gesellschaftsform des Unternehmens geändert wird, bei dem Sie angestellt sind, oder
- ein anderes berechtigtes Interesse besteht.

Es gibt keine gesetzliche Regelung des Anspruchs auf ein Zwischenzeugnis. Manche Tarifverträge enthalten aber eine verbindliche Regelung des Anspruchs auf Erteilung eines Zwischenzeugnisses.

Kein triftiger Grund für die Ausstellung eines Zwischenzeugnisses wäre z. B., wenn es allein deshalb verlangt wird, weil es in einem Rechtsstreit, in dem eine Höhergruppierung angestrebt wird, als Beweismittel verwendet werden soll. Im Streitfall müssen Sie es durch das Arbeitsgericht prüfen lassen, ob Sie ein berechtigtes Interesse an der Ausstellung eines Zeugnisses haben und Ihr Arbeitgeber tätig werden muss.

Welche Termine Sie beachten müssen

Keine Frage: Sie haben einen rechtlichen Anspruch darauf, von Ihrem Arbeitgeber ein Arbeitszeugnis zu erhalten. Machen Sie diesen Anspruch frühzeitig geltend, denn Sie können dieses Recht verlieren! Der Rechtsanspruch verjährt zwar eigentlich erst nach 30 Jahren (ab 1.1.2002 in 3 Jahren). Da es jedoch für einen Arbeitgeber unzumutbar wäre, für eine derartig lange Zeit mit dem Zeugnisanspruch belastet zu sein, können Sie Ihren Anspruch bereits viel früher verlieren. Den rechtlichen Anspruch, von Ihrem Arbeitgeber ein Zeugnis zu erhalten, können Sie verwirken,

- wenn Sie als Berechtigter mit der Geltendmachung Ihres Rechts längere Zeit warten (zeitliches Moment) und

- daneben besondere Umstände vorliegen, aufgrund derer der Verpflichtete, also Ihr Arbeitgeber, annehmen durfte, Sie würden Ihr Recht nicht mehr geltend machen (Umstandsmoment) und

- wenn die Erfüllung Ihrer Forderung (nämlich Ausstellen Ihres Zeugnisses) dem Arbeitgeber nicht mehr zuzumuten ist (Zumutbarkeitsmoment).

Wann Ihr Anspruch nun verwirkt ist, ist nicht so einfach zu sagen. Wie heißt es bei den Juristen so schön: „Es kommt darauf an", – und zwar auf den jeweiligen Einzelfall.

Sie können durch Ihr persönliches Verhalten die Verwirkungsfrist entscheidend beeinflussen: Wenn Sie ein Verhalten an den Tag legen, aus dem Ihr ehemaliger Arbeitgeber schließen kann, dass Sie keinen Wert auf die Ausstellung eines Arbeitszeugnisses legen, laufen Sie leicht Gefahr, Ihre Ansprüche zu verwirken. Verlangen Sie als Arbeitnehmer bei Beendigung Ihres Arbeitsverhältnisses kein Zeugnis, so geht die Rechtsprechung nach einer Dauer von zirka fünf bis zehn Monaten davon aus, dass Ihr Anspruch verwirkt ist. Das Gleiche gilt für Ihren Anspruch auf Zeugnisberichtigung.

Was tun, wenn es Probleme mit dem Zeugnis gibt?

Für den Arbeitgeber ist die Erstellung eines Zeugnisses nicht selten eine lästige Pflicht, die er sich gerne schnell vom Halse schafft. Wie leicht schleichen sich da problematische Formulierungen ein oder werden Sachverhalte weggelassen. Und Sie sehen sich mit einem Zeugnis konfrontiert, das Ihnen bei späteren Arbeitgebern schaden könnte – ob dies nun in der Absicht des Zeugnisschreibers lag oder nicht.

Verlangen Sie die Berichtigung Ihres Zeugnisses

Wenn Ihnen Ihr Arbeitgeber ein unrichtiges und zu schlechtes Zeugnis ausstellt, dann sollten Sie im ersten Schritt mit ihm darüber sprechen. Vielleicht hat er bestimmte Sachen gar nicht so gemeint und nimmt bereitwillig Korrekturen vor. Nennen Sie ihm daher ganz konkret die Kritikpunkte, die Sie in Ihrem Zeugnis stören.

Wenn Ihnen Ihr Arbeitgeber den Vorschlag macht, dass Sie Ihr Zeugnis selbst erstellen können und es ihm dann zur Fertigstellung zurückgeben, sollten Sie dieses Angebot auf jeden Fall annehmen. Erstellen Sie Ihr eigenes Zeugnis – natürlich unter Berücksichtigung des Wahrheitsgebots – und geben Sie Ihren Vorschlag zur endgültigen Ausfertigung Ihrem bisherigen Arbeitgeber. Bedenken Sie jedoch, dass Sie keinen Anspruch darauf haben, dass Ihr Arbeitgeber Ihre Wortwahl übernimmt. Die Zeugnisformulierung ist seine Sache.

Wenn das Zeugnis nach Form und Inhalt nicht den formalen und rechtlichen Anforderungen entspricht, dann haben Sie einen Anspruch auf Berichtigung. Ihr Arbeitgeber ist dann verpflichtet Ihnen ein neues Zeugnis auszustellen. Bei der Erstellung dieses Zeugnisses ist der Arbeitgeber an den bisherigen, von Ihnen nicht beanstandeten Zeugnistext gebunden. Nur für den Fall, dass dem Arbeitgeber nachträglich Umstände bekannt werden, die Ihre Leistung oder Ihr Verhalten in einem anderen Licht erscheinen lassen, darf er entsprechende Veränderungen vornehmen.

Das Bundesarbeitsgericht entschied im Juni 2005, dass der Arbeitgeber keine Veränderung in der Leistungsbeurteilung vornehmen darf, wenn der Arbeitnehmer das Zeugnis wegen eines Rechtschreibfehlers mit der Bitte um Korrektur zurückgereicht hat.

Selbst wenn sich die Verhandlungen über Ihr Zeugnis Wochen und Monate hinziehen: Das Zeugnis sollte grundsätzlich auf den Tag der ersten Ausstellung datiert sein. Damit vermeiden Sie, dass Ihr neuer Arbeitgeber von der Datierung des Zeugnisses darauf schließen kann, dass es Auseinandersetzungen um das Zeugnis gegeben hat.

Machen Sie den Zeugnisberichtigungsanspruch gerichtlich geltend

Wenn Ihr Arbeitszeugnis unrichtige Tatsachenbehauptungen oder fehlerhafte Bewertungen enthält, ist es unrichtig. Sie können die Erteilung eines neuen und ordnungsgemäßen Arbeitszeugnisses auch vor dem Arbeitsgericht einklagen.

Erteilt Ihnen Ihr Arbeitgeber auf Ihren Wunsch ein qualifiziertes Zeugnis, dann haben Sie Anspruch darauf, dass Ihre Leistung der Wahrheit entsprechend beurteilt wird. Bei der Einschätzung der Leistung hat der Arbeitgeber einen Beurteilungsspielraum, der vom Gericht nur beschränkt nachprüfbar ist. Voll überprüfbar sind dagegen die Tatsachen, die Ihr Arbeitgeber seiner Leistungsbeurteilung zugrunde gelegt hat.

Hat Ihnen der Arbeitgeber im Zeugnis eine gut durchschnittliche Gesamtbeurteilung bescheinigt, dann müssen Sie die Tatsachen vortragen und beweisen, die eine bessere Schlussbeurteilung rechtfertigen sollen. Wenn Ihr Arbeitgeber Sie dagegen unterdurchschnittlich beurteilt, dann muss Ihr Arbeitgeber die Tatsachen darlegen und beweisen, die er seiner Beurteilung zugrunde gelegt hat (Urteil BAG Okt. 2005).

Denken Sie auch hier daran, dass Sie das Recht auf die Berichtigung Ihres Zeugnisses verwirken können. Wenn Sie Ihr Zeugnis in Händen halten, sollten Sie es deshalb umgehend überprüfen bzw. von einem Rechtsanwalt überprüfen lassen. Warten Sie nicht zu lange, wenn Sie feststellen oder meinen, Ihr Zeugnis sei unrichtig.

Das Landesarbeitsgericht Mainz entschied im Jahr 2002, dass das Arbeitszeugnis nur seine Funktion erfüllen könne, wenn es zeitnah nach dem Ausscheiden des Mitarbeiters erstellt werde. Hieraus folge umgekehrt, dass auch eine Berichtigung unverzüglich geltend gemacht werden müsse. Ein Berichtigungsanspruch sei daher maximal fünf bis zehn Monate nach Zeugniserteilung möglich. Danach kann sich der Arbeitgeber in jedem Fall darauf einstellen, dass der Arbeitnehmer das Zeugnis inhaltlich akzeptiert hat.

Was Sie beim Arbeitsgericht erreichen können

Ein Arbeitszeugnis ist kein wertloses Stück Papier – im Gegenteil, es kann eine Eintrittskarte für Ihre Karriere sein, aber es kann Ihre Karrierechancen auch beträchtlich schmälern. Es kann sich also durchaus lohnen, sich ein adäquates Zeugnis vor dem Arbeitsgericht zu erstreiten, wenn eine einvernehmliche Einigung mit dem Arbeitgeber nicht möglich ist.

Wenn Ihr Arbeitgeber nicht bereit ist, Ihre berechtigten Änderungswünsche auszuführen, oder die Ausstellung Ihres Arbeitszeugnisses lange verzögert, müssen Sie gerichtlich gegen ihn vorgehen, und zwar rechtzeitig, wenn Sie Ihre Rechte nicht verlieren wollen. Im Juristendeutsch heißt das: Sie machen Ihre Zeugniserteilungs- bzw. Zeugnisberichtigungsansprüche geltend. Ihren Rechtsanspruch müssen Sie vor dem zuständigen Arbeitsgericht einklagen, bevor Ihr Anspruch verwirkt bzw. bestimmte (tarifliche) Ausschlussfristen verstrichen sind. Am besten Sie reagieren gleich innerhalb der nächsten drei Monate. Dann sind Sie gewiss auf der sicheren Seite.

Ihr Zeugnis muss korrigiert werden

Wenn Ihr Zeugnis also unrichtig ist, unzulässige Angaben enthält oder den Anforderungen im Hinblick auf den Aufbau nicht genügt, können Sie auf Berichtigung Ihres Zeugnisses klagen.

Dabei muss Ihr Arbeitgeber – und nicht Sie – im Prozess beweisen, dass Ihr Arbeitszeugnis vollständig und inhaltlich richtig ist. Das bringt Ihnen in der Regel einen kleinen Vorteil ein. Wenn Sie jedoch erreichen wollen, dass Ihr Arbeitgeber Ihnen eine überdurchschnittliche Leistung bescheinigt, dann müssen Sie dies darlegen und beweisen.

Wenn das Arbeitsgericht feststellt, dass Ihr Zeugnis nicht den Anforderungen an ein Zeugnis genügt, muss Ihnen der Arbeitgeber ein neues Zeugnis ausstellen, eine Korrektur des vorliegenden Zeugnisses reicht nicht aus.

Sie haben kein Zeugnis erhalten

Wenn Sie von Ihrem Arbeitgeber ein Zeugnis verlangen, hat Ihr Arbeitgeber dies unverzüglich auszustellen und zur Abholung bereitzulegen. Ihr Arbeitgeber darf Ihr Zeugnis nicht zurückhalten, auch nicht weil er vielleicht der Ansicht ist, Sie würden Ihre arbeitsvertraglich geschuldete Leistung nicht erbringen.

Den Anspruch auf Erteilung Ihres Arbeitszeugnisses können Sie vor dem Arbeitsgericht einklagen.

Sie haben Schadenersatzansprüche

Fertigt Ihnen Ihr bisheriger Arbeitgeber ein unrichtiges oder unvollständiges Zeugnis aus, dann kann Ihnen unter Umständen daraus ein Schaden entstehen. Vielleicht wurden Sie z. B. von einem potenziellen neuen Arbeitgeber nicht eingestellt, weil Sie ein schlechtes oder nicht ordnungsgemäß erstelltes Zeugnis vorlegen mussten. In diesem Fall muss Ihnen Ihr bisheriger Arbeitgeber den Geldbetrag als Schaden ersetzen, der sich aufgrund der Nichteinstellung ergibt.

Allerdings müssen Sie dabei beweisen, dass der potenzielle Arbeitgeber Sie hätte einstellen wollen und dies nur deshalb unterlassen hat, weil Ihr Arbeitszeugnis nicht ordnungsgemäß war.

Was vor dem Arbeitsgericht vor sich geht

Kein Anwaltszwang

Für einen Arbeitsgerichtsprozess müssen Sie in der ersten Instanz keinen Rechtsanwalt mit der Wahrnehmung Ihrer Interessen beauftragen. Sie können den Prozess selbst führen, Ihre Klageschrift selbst formulieren und selbst vor Gericht auftreten.

■ Bei der Formulierung der Klageschrift helfen Ihnen auch die Rechtsantragsstellen, die bei den Arbeitsgerichten eingerichtet sind. ■

Und so läuft es ab

Sie haben Ihre Klageschrift beim Arbeitsgericht eingereicht. Damit ist das Verfahren vor dem Arbeitsgericht in Gang gesetzt.

Zuerst wird vom Arbeitsgericht ein sogenannter Gütetermin angesetzt – mit dem Ziel, doch noch eine gütliche Einigung zu erreichen. Wenn Sie und Ihr ehemaliger Arbeitgeber sich bei diesem Termin einigen, ist der Rechtsstreit beendet.

Falls Sie sich nicht einigen, wird vom Gericht ein weiterer Verhandlungstermin bestimmt. In dieser Verhandlung wird über Ihre Klage verhandelt. Es wird dann in der Regel auch eine Beweisaufnahme durchgeführt. Ist die Beweisaufnahme für Sie günstig verlaufen und ist das Gericht der Auffassung, dass der von Ihnen geltend gemachte Anspruch begründet ist, wird das Gericht zu Ihren Gunsten entscheiden.

Wer bezahlt?

Wenn Sie rechtschutzversichert sind und Arbeitsrecht mitversichert ist, übernimmt Ihre Rechtschutzversicherung die Kosten für die Klage auf Erteilung oder Berichtigung Ihres Arbeitszeugnisses, die Gerichtskosten sowie die gesetzlichen Anwaltsgebühren.

Sind Sie nicht rechtschutzversichert, dann müssen Sie, wenn Sie einen Rechtsanwalt beauftragen, die (in der ersten Instanz) entstehenden Anwaltskosten selbst tragen – auch dann, wenn Sie den Prozess gewinnen.

Über die Verteilung der anfallenden Gerichtskosten entscheidet der Arbeitsrichter am Ende des Prozesses. Wer dabei (mehr) obsiegt hat, bekommt weniger Kosten auferlegt. In der Praxis ist es häufig so, dass die Gerichtskosten den Parteien jeweils zur Hälfte auferlegt werden.

Wenn das Verfahren ohne streitige Verhandlung durch einen im Gütetermin abgeschlossenen oder durch einen außergerichtlichen, dem Gericht mitgeteilten Vergleich beendet wird, dann entstehen keine Gerichtskosten.

Wie die Kosten ermittelt werden

Die Kosten im Arbeitsgerichtsverfahren werden mit Hilfe des sogenannten Gegenstandswerts festgelegt. Bei der Klage auf

Erteilung oder Berichtigung eines Arbeitszeugnisses setzen die Arbeitsgerichte grundsätzlich den Betrag von einem Brutto-Monatsgehalt an, das Sie von Ihrem (damaligen) Arbeitgeber erhielten.

Wenn Sie einen Rechtsanwalt mit Ihrer Vertretung beauftragt haben, fallen Gebühren und Auslagen nach dem Rechtsanwaltsvergütungsgesetz (RVG) an. Die Vergütung Ihres Anwalts müssen Sie in der ersten Instanz vor dem Arbeitsgericht selbst tragen. Die Höhe der Gebühren bestimmt auch hier der Gegenstandswert.

Auch für die Höhe der Gerichtsgebühren ist der Gegenstandswert maßgeblich. Die Höhe der Gerichtskosten wird anhand der Gerichtskostentabelle ermittelt.

■ Am besten lassen Sie sich von dem Herrn oder der Dame in der Rechtsauskunftstelle oder von Ihrem Rechtsanwalt grob abschätzen, welche Kosten konkret auf Sie zukommen. Auch Ihr Betriebsrat oder Ihre Gewerkschaft kann Ihnen hier sicherlich Auskunft geben. ■

Wie Sie einen arbeitsrechtlich versierten Anwalt finden

Das Führen eines Arbeitsgerichtsprozesses ist eine anspruchsvolle Angelegenheit. Oft ist es da ratsam, man wendet sich an einen Rechtsanwalt, der sich auf Arbeitsrecht spezialisiert hat, und lässt sich erst einmal beraten. Hier ein paar Tipps, wie Sie am besten einen Arbeitsrechtsspezialisten finden.

Wie Sie einen arbeitsrechtlich versierten Anwalt finden

Wenn sich ein Rechtsanwalt als Fachanwalt für Arbeitsrecht bezeichnet, ist das ein recht guter Hinweis darauf, dass er sich im Arbeitsrecht auch tatsächlich auskennt. Denn er kann auf eine spezielle Weiterbildung im Arbeitsrecht und auf eine entsprechende Abschlussprüfung verweisen. Außerdem verfügt er über besondere praktische Erfahrungen auf diesem Gebiet.

Ein guter Arbeitsrechtsspezialist muss aber nicht unbedingt ein Fachanwalt für Arbeitsrecht sein. Hier ist nun oft nur das Problem, herauszufinden, welcher Rechtsanwalt, der kein Fachanwalt für Arbeitsrecht ist, ein guter Arbeitsrechtler ist.

Häufig ist es Mundpropaganda, die zu den Spezialisten führt. Seit einiger Zeit haben Rechtsanwälte aber auch die Möglichkeit, ihre Tätigkeitsschwerpunkte und Interessensgebiete anzugeben, so dass Sie vielleicht schon in den Branchenseiten des Telefonbuchs fündig werden. Außerdem gibt es immer mehr Serviceangebote, die Ihnen bei der Suche weiter helfen können.

Die folgenden Stellen helfen Ihnen dabei, einen Anwalt in Ihrer Nähe zu finden, der entweder Fachanwalt für Arbeitsrecht ist oder sich aufgrund seines Tätigkeitsschwerpunkts oder Interessengebiets verstärkt mit dem Arbeitsrecht beschäftigt:

- DeutscheAnwaltAuskunft, Auskunft des Deutschen Anwaltvereins (DAV)
  Die Deutsche Anwaltauskunft ist das offizielle Verzeichnis der Anwältinnen und Anwälte, die im DAV zusammengeschlossen sind.

Tel.: 0 18 05 / 18 18 05 (Gebühr bundesweit 0,12 € pro Minute), E-Mail: dav@anwaltverein.de

- Anwaltsuchservice, Verlag Dr. Otto Schmidt GmbH
  Auch hier ist die Auskunft für den Rechtsuchenden kostenlos. Es fallen allenfalls Telefonkosten an.
  Tel.: 01 80 / 5 25 45 55 (Gebühr bundesweit 0,12 € pro Minute), E-Mail: kontakt@anwalt-suchservice.de

- Örtliche Rechtsanwaltsvereine
  Einfach bei der Geschäftsstelle des Anwaltsvereins anrufen und nach Rechtsanwälten fragen, die entweder Fachanwalt für Arbeitsrecht sind oder den Interessen- oder Tätigkeitsschwerpunkt Arbeitsrecht haben.

- Internet
- Suchmaschinen
  Holen Sie sich die Unterstützung einer Suchmaschine und geben Sie einfach den Begriff „arbeitsrecht" ein und schon werden u. a. auch die Adressen von Rechtsanwälten, die sich mit dem Arbeitsrecht verstärkt beschäftigen und mit einer Homepage im Internet vertreten sind, angezeigt.

- Marktplatz Recht
  Auf der Website http://www.marktplatz-recht.de finden Sie viele weiterführende Links, die Ihnen bei der Suche nach einem arbeitsrechtlich erfahrenen Anwalt weiterhelfen können. Von hier kommen Sie auch per Link zur Deutschen Anwaltauskunft online des DAV, zum aktuellen Anwaltverzeichnis u. v. m.

Anhang

Sie wollen Ihr Zeugnis selber formulieren? Hier finden Sie passende Formulierungen und einige Zeugnismuster.

Das Arbeitszeugnis und seine Noten

Die Bewertung, die aus Ihrem Arbeitszeugnis hervorgeht, ist ein Zusammenspiel aus allen Einzelbewertungen und der abschließenden zusammenfassenden Beurteilung Ihrer Leistung. Wenn die Einzelbewertungen alle hervorragend sind, die zusammenfassende Beurteilung aber weniger gut ausfällt oder auch umgekehrt, ist damit eine eher negative Aussage getroffen. Die einzelnen Teile Ihres Arbeitszeugnisses müssen also auch zueinander passen und in sich stimmig sein.

Zusammenfassende Beurteilung der Leistung

Sehr gut	„Besonders hervorzuheben ist sein hoher Arbeitseinsatz/Engagement/Verantwortungsbewusstsein/usw" „Er hat seine Aufgaben stets zu unserer vollsten Zufriedenheit erledigt." „Unsere Erwartungen wurden stets in jeder Hinsicht und allerbester Weise erfüllt." „Er verfügt über fundierte Fachkenntnisse, die er in seinem Aufgabenbereich erfolgreich einsetzte." „Er zeigte stets Initiative, Fleiß und Eifer." „Er überzeugte dadurch, dass er auch komplizierte Zusammenhänge schnell zutreffend erfasste und sofort richtige Lösungen fand." „Seine Arbeitsweise genügte stets höchsten Ansprüchen und auch in schwierigen Situationen fand er stets optimale Lösungen." „Er zeigte stets außerordentliche Leistungen." „Die ihm übertragenen Aufgaben wurden stets zu unserer vollsten Zufriedenheit erledigt."

Das Arbeitszeugnis und seine Noten

	„Unsere Erwartungen wurden in jeder Hinsicht und in (aller)bester Weise erfüllt." „Er zeigte stets sehr gute Leistungen." „Seine Leistungen waren stets sehr gut." „Mit seinem Fleiß, seinen Leistungen und seiner Führung waren wir in jeder Hinsicht außerordentlich zufrieden." „Seine Leistungen haben in jeder Hinsicht unsere vollste Anerkennung gefunden." „Wir waren mit seiner Leistung in jeder Hinsicht außerordentlich zufrieden." „Er hat stets die ihm übertragenen Arbeiten zu unserer vollsten Zufriedenheit erledigt." „Er hat unseren Erwartungen in jeder Hinsicht und in allerbester Weise entsprochen." „Er erledigte die ihm gestellten Aufgaben stets gewissenhaft und selbstständig zu unserer höchsten Zufriedenheit." „Er hat seine Aufgaben stets zur vollsten Zufriedenheit erledigt." „Wir bescheinigen ihm außergewöhnliche Leistungen." „Er hat unseren Erwartungen in jeder Hinsicht und in allerbester Weise entsprochen." „Er hat die ihm übertragenen Aufgaben in jeder Hinsicht und außerordentlich zufriedenstellend erledigt."
Gut	„Er erledigte die ihm gestellten Aufgaben stets gewissenhaft und selbstständig zu unserer vollen Zufriedenheit." „Er hat die ihm übertragenen Aufgaben stets zu unserer vollen Zufriedenheit erledigt." „Er hat die ihm übertragenen Aufgaben voll und ganz zufriedenstellend erledigt." „Unsere Erwartungen wurden stets in jeder Hinsicht erfüllt."

	„Er zeigte stets gute Leistungen." „Seine Leistungen waren stets gut." „Mit seinem Fleiß, seinen Leistungen sowie seiner Führung waren wir sehr zufrieden." „Er hat die ihm übertragenen Arbeiten stets zu unserer vollen Zufriedenheit erledigt." „Wir waren in jeder Hinsicht außerordentlich zufrieden." „Er hat in jeder Hinsicht unsere volle Anerkennung gefunden." „Er hat unseren Erwartungen in jeder Hinsicht und allerbester Weise entsprochen." „Er hat unseren Erwartungen in jeder Hinsicht und in bester Weise entsprochen." „Er hat unseren Erwartungen in bester Weise entsprochen." „Wir waren stets zufrieden." „Seine Leistungen waren sehr gut." „Er erfüllte seine Aufgaben stets/immer zu unserer vollen Zufriedenheit." „Mit seinen Leistungen waren wir stets zufrieden."
Befriedigend	„Er hat unseren Erwartungen in jeder Hinsicht entsprochen." „Er erledigte die ihm gestellten Aufgaben gewissenhaft und selbstständig zu unserer vollen Zufriedenheit." „Er erledigte die ihm gestellten Aufgaben stets zu unserer Zufriedenheit." „Er hat die ihm übertragenen Arbeiten zu unserer Zufriedenheit erledigt." „Er erledigte die ihm übertragenen Aufgaben zu unserer Zufriedenheit." „Er hat die ihm übertragenen Aufgaben stets zufriedenstellend erledigt."

Das Arbeitszeugnis und seine Noten

107

	„Die übertragenen Aufgaben wurden zu unserer vollen Zufriedenheit erledigt."
	„Er hat unseren Erwartungen voll entsprochen."
	„Er hat unseren Erwartungen in jeder Hinsicht entsprochen."
	„Er zeigte jederzeit zufriedenstellende Leistungen."
	„Mit seinem Fleiß, seinen Leistungen sowie seiner Führung waren wir zufrieden."
	„Mit seinen Leistungen und seiner Führung waren wir zufrieden."
	„Seine Leistungen und seine Führung waren befriedigend."
	„Wir waren mit seinen Leistungen voll zufrieden."
	„Er hat alle Arbeiten ordnungsgemäß erledigt."
	Mit Bewertungen der Note befriedigend wird Mittelmaß (und Mittelmäßigkeit) attestiert.
Ausreichend	„Er hat ihm übertragene Aufgaben zu unserer Zufriedenheit erledigt."
	„Er hat die ihm übertragenen Aufgaben zu unserer Zufriedenheit erledigt."
	„Er hat die ihm übertragenen Aufgaben im Großen und Ganzen zufriedenstellend erledigt."
	„Er erledigte die ihm gestellten Aufgaben gewissenhaft und selbstständig zu unserer Zufriedenheit."
	„Die übertragenden Aufgaben wurden unserer Erwartung entsprechend erledigt."
	„Seine Leistungen haben unseren Erwartungen entsprochen."
	„Mit seinen Leistungen waren wir zufrieden."
	„Er zeigte im Großen und Ganzen zufriedenstellende Leistungen."
	„Er erledigte die ihm übertragenen Leistungen zu unserer Zufriedenheit."
	„Er hat alle Arbeiten ordnungsgemäß erledigt."

	(= Er ist ein Bürokrat, der keine Initiative entwickelt.) „Er hat unseren Erwartungen entsprochen." „Er hat zufriedenstellend gearbeitet." „Wegen seiner Pünktlichkeit stets ein gutes Vorbild." „Er ist ein zuverlässiger (gewissenhafter) Mitarbeiter." (= Er ist zur Stelle, wenn man ihn braucht, allerdings ist er nicht immer brauchbar.) „Er erfüllte seine Aufgaben zu unserer vollen Zufriedenheit."
Mangelhaft	„Er hat die ihm übertragenen Aufgaben im Großen und Ganzen zufriedenstellend erledigt." „Er hat sich bemüht, die ihm übertragenen Arbeiten zu unserer Zufriedenheit zu erledigen." „Er war bemüht, die ihm gestellten Anforderungen zu erfüllen." „Er hat unseren Erwartungen im Großen und Ganzen entsprochen." „Er hat unsere Erwartungen größtenteils erfüllt." „Alle Arbeiten erledigte er mit großem Fleiß und Interesse." „Er hat sich mit großem Eifer an diese Aufgabe herrangemacht und war erfolgreich." „Er erledigte die ihm gestellten Aufgaben im Großen und Ganzen zu unserer Zufriedenheit." „Er war sehr tüchtig und wusste sich gut zu verkaufen." (= Er ist ein unangenehmer Mitarbeiter.) „Er hat unseren Erwartungen entsprochen." „Er erledigte die ihm übertragenen Aufgaben im Großen und Ganzen zu unserer Zufriedenheit." „Er bemühte sich stets mit großem Fleiß." „Er hat sich stets bemüht, seinen Aufgaben gerecht zu werden."

Das Arbeitszeugnis und seine Noten

Ungenügend	„Er bemühte sich, die ihm gestellten Aufgaben zu unserer Zufriedenheit zu erledigen." „Er bemühte sich, den Anforderungen gerecht zu werden." (= Er zeigte schwache Leistungen.) „Er hat sich bemüht, die übertragenen Aufgaben zu unserer Zufriedenheit zu erledigen." „Er hat sich bemüht, seinen Aufgaben gerecht zu werden." (= Guter Wille, aber mehr auch nicht) „Er bemühte sich mit großem Fleiß, die ihm über-tragenen Aufgaben zu unserer Zufriedenheit zu erfüllen." „Er erledigte die ihm übertragenen Arbeiten mit Fleiß und war stets bestrebt (willens), sie termingerecht zu beenden." (= Unzureichende Leistungen) „Er war immer mit Interesse bei der Sache." (= Er hat sich angestrengt, aber nichts geleistet.) „Er zeigte für seine Arbeit Verständnis." (= Er war faul und hat nichts geleistet.) „Er hat sich im Rahmen seiner Fähigkeiten einge-setzt." (= Er hat getan, was er konnte, aber das war nicht viel.) „Er hat eine gesellige und freundliche Art." (= Er hat eine Schwäche für Alkohol.) „Er war tüchtig und hat sich gut verkauft." (= Als Wichtigtuer ist er aufgefallen.) „Er hat mit vollem Erfolg delegiert." (= Er hat sich immer vor der Arbeit gedrückt.) „Er hat sich bemüht, die Arbeit zur Zufriedenheit zu erledigen." (= Er hat versagt.)

Sozialverhalten

Sehr gut	„Sein persönliches Verhalten gegenüber Vorgesetzten und Kollegen war jederzeit einwandfrei. Durch sein freundliches und hilfsbereites Wesen war er sehr beliebt."
Gut	„Sein persönliches Verhalten gegenüber Vorgesetzten und Kollegen war einwandfrei. Durch sein freundliches und hilfsbereites Wesen war er beliebt."
Befriedigend	„Sein persönliches Verhalten gegenüber Vorgesetzten und Kollegen war korrekt. Durch sein freundliches Wesen war er beliebt."Oder: „... durch sein hilfsbereites Wesen war er beliebt."

Die Dankes-Bedauern-Zukunfts-Formel

Sehr gut	„Wir bedanken uns für die stets sehr gute Zusammenarbeit und bedauern sein Ausscheiden sehr. Wir wünschen diesem vorbildlichen Mitarbeiter beruflich und persönlich alles Gute, viel Glück und Erfolg."
Gut	„Wir bedanken uns für die stets gute Zusammenarbeit und bedauern, eine gute Fachkraft zu verlieren. Wir wünschen ihm für seinen weiteren Berufs- und Lebensweg alles Gute."
Befriedigend	„Wir bedanken uns für die gute Zusammenarbeit und bedauern, Herrn XY zu verlieren."
Ausreichend	„Wir bedanken uns für die gute Zusammenarbeit und wünschen Herrn XY alles Gute."
Ungenügend	„Wir bedauern, auf die weitere Zusammenarbeit verzichten zu müssen. Unsere besten Wünsche begleiten ihn."

Zeugnismuster

Muster für ein einfaches Zeugnis

Zeugnis

Frau Bettina Bülow war in unserem Unternehmen vom 01. Januar 1997 bis zum 31. März 2005 als Sekretärin des Marktforschungsleiters tätig und mit folgenden Aufgaben befasst:

– Organisation des Sekretariats,

– Ausführung der Korrespondenz nach Diktat und Vorlagen,

– Empfang von Besuchern,

– Telefondienst,

– Terminkoordination sowie die Vorbereitung und Abrechnung von Dienstreisen.

Hamburg, den 31. März 2005

....
gez. Herbert Vogel   gez. Rudolf Torman
– Geschäftsführer–   – Personalleiter–

■ Das Tätigkeitsgebiet und die zuletzt ausgeübten Tätigkeiten sind sorgfältig beschrieben, so wie es bei einem einfachen Zeugnis erforderlich ist.

Muster für ein Ausbildungszeugnis

Ausbildungszeugnis

Herr Clemens war vom .... bis zum .... als Auszubildender im Berufsbild des .... beschäftigt. Das Ausbildungsverhältnis wurde mit dem erfolgreichen Bestehen der Ausbildung abgeschlossen.

Der Auszubildende ist mit allen Arbeiten eines .... vertraut gemacht worden. Er war während der Ausbildungszeit in den Abteilungen .... eingesetzt. Dadurch war sichergestellt, dass er Kenntnisse in .... erlangte. Durch den Einsatz in unserem Unternehmen ist ihm zudem ein praktischer Umgang mit unseren Produkten vermittelt worden.

Das Vertragsverhältnis mit Herrn Clemens endet am heutigen Tag mit dem Ablauf des Ausbildungsvertrags.

....
Ort, Datum   Unterschrift/-en

- Es ist angegeben, dass der Auszubildende das Ausbildungsziel erreicht hat. Es genügt eine schwerpunktmäßige Darstellung der erworbenen Kenntnisse und Fähigkeiten unter Berücksichtigung des Ausbildungsplans.

Muster für ein sehr gutes Zwischenzeugnis für eine Führungskraft

Zwischenzeugnis

Herr Mälzer trat am 01.01.1991 als Personalreferent für die Niederlassung Ulm in unser Unternehmen ein. Seit dem 01. August 1994 ist Herr Mälzer als Personalleiter für unsere Niederlassung Mannheim tätig.

Zu seinen Aufgaben gehörten zunächst die Umsetzung von bereits vereinbarten Personalentwicklungsmaßnahmen sowie die Entwicklung eines zeitgemäßen und bedarfsgerechten Management-Development-Systems für unsere Nachwuchsführungskräfte. Er führte sehr erfolgreich Bedarfsanalysen im Bereich der Weiterbildung durch und organisierte mit großer Effektivität die entsprechenden Maßnahmen. Bereits während dieser Zeit war die Arbeit von Herrn Mälzer stets von ausgezeichneter Qualität.

Mit Wirkung zum 01. August 1994 wurde Herr Mälzer zum verantwortlichen Personalleiter unserer Niederlassung Mannheim ernannt. In die spezifischen Anforderungen unserer Niederlassung Mannheim arbeitete er sich sehr schnell und umfassend ein. Neben der Leitung der Personalabteilung, die aus fünf Mitarbeitern besteht, umfasst der Verantwortungs- und Wirkungsbereich von Herrn Mälzer im Wesentlichen folgende Aufgaben:

– die Beratung der Geschäftsführung, Führungskräfte und Mitarbeiter in allen auftretenden Angelegenheiten,

– die Zusammenarbeit mit dem Betriebsrat sowie konzeptionelle Aufgaben in der Personalenwicklung.

Die von ihm geführte Personalabteilung deckt folgende Bereiche der Personalarbeit ab:

- Personalbeschaffung und -auswahl,
- Personalbetreuung,
- Personalverwaltung,
- Personalabrechnung,
- Personalentwicklung sowie
- Weiterbildung.

In seiner Funktion ist Herr Mälzer leitender Angestellter und berichtet an den Geschäftsführer.

Herr Mälzer ist seiner Aufgabe voll gewachsen. Seine Fach- und Leitungskompetenz ist stets und in jeder Hinsicht sehr gut. Er erwarb sich im Laufe seiner Tätigkeit außerordentlich umfangreiche Kenntnisse im Arbeitsrecht, die er auch sehr erfolgreich anzuwenden weiß. Seine Zusammenarbeit mit dem Betriebsrat ist unternehmenszielorientiert und stets mit der Absicht verknüpft im Interesse aller Beteiligten eine ausgewogene Lösung zu erarbeiten.

Herr Mälzer ist ein äußerst engagierter und zuverlässiger Mitarbeiter, der sich sehr stark mit seinem Tätigkeitsbereich und den Zielen des Unternehmens identifiziert.

Er zeigt bei seinen Aufgaben sehr hohen persönlichen Einsatz und hervorragende Leistungen, in qualitativer wie auch in quantitativer Hinsicht. Durch seine verbindliche, aber bestimmte Art hat er ein ausgezeichnetes Verhältnis zu seinen Mitarbeitern. Was zu einem sehr positiven Arbeits- und Betriebsklima führt.

Sein Verhalten zu Vorgesetzten, Arbeitskollegen und Mitarbeitern ist stets vorbildlich.

Dieses Zwischenzeugnis erstellen wir Herrn Mälzer unaufgefordert auf Veranlassung des direkten Vorgesetzten, der zum Monatsende ausscheidet. Verbunden ist damit unser Dank für die bisher für unser Unternehmen erbrachten Leistungen und der Wunsch nach einer weiteren vertrauensvollen Zusammenarbeit.

Mannheim, den 30. September 2005

....
Ronald Greinecker
– Geschäftsführer –

- Dieses Zeugnis ist ein sehr gutes Zeugnis, in dem viel Wertschätzung und Lob ausgesprochen wird.

- Die Entwicklung im Unternehmen ist konkret beschrieben. Das Zeugnis enthält auch alle Bestandteile, es gibt keine Leerstellen.

- Es werden zu allen Aspekten der Leistungsbeurteilung Aussagen gemacht. Auch sein Führungsverhalten wird bewertet. Alle Beurteilungen sind sehr gut, auch die zusammenfassende Leistungsbeurteilung.

- Es wird auch begründet, warum das Zwischenzeugnis ausgestellt wird.

- Auch der Abschluss des Zeugnisses ist sehr lobend.

Muster für ein gutes qualifiziertes Endzeugnis

Zeugnis

Frau Bettina Bülow war in unserem Unternehmen vom 01. Januar 1995 bis zum 31. März 2005 als Sekretärin des Marktforschungsleiters tätig und mit folgenden Aufgaben befasst:

- Organisation des Sekretariats,
- Ausführung der Korrespondenz nach Diktafon und Vorlagen,
- Empfang von Besuchern,
- Telefondienst,
- Terminkoordination sowie
- Vorbereitung und Abrechnung von Dienstreisen.

Frau Bülow bewältigte ihren Aufgabenbereich stets zu unserer vollen Zufriedenheit. Hervorzuheben sind ihre Einsatzfreude, ihre hohe Belastbarkeit, ihre Ausdauer und ihr Fleiß. Auf ihre zuverlässige, umsichtige und gewissenhafte Arbeitsweise war auch in schwierigen Situationen jederzeit Verlass. Dienstliche Belange hat Frau Bülow stets voll berücksichtigt und hierbei private Belange zurückgestellt. Aufgrund ihrer fachlichen Kompetenz und ihrer persönlichen Integrität war Frau Bülow bei Vorgesetzten und Kollegen sehr geschätzt. Ihr persönliches Verhalten war stets einwandfrei.

Zeugnismuster

117

Frau Bülow verlässt uns zum 31. März 2005 auf eigenen Wunsch.

Wir bedauern ihre Entscheidung, danken ihr für ihre bisherige Tätigkeit und wünschen ihr weiterhin viel Erfolg und persönlich alles Gute.

Hamburg, den 31. März 2005

....
Herfried Kern
– Leiter Marktforschung –

- Dieses Zeugnis ist ein gutes Zeugnis.

- Die Tätigkeit wurde ausführlich beschrieben.

- Das Zeugnis enthält auch eine Schlussformel, in der das Ausscheiden bedauert, für die bisherige Tätigkeit gedankt wird und Zukunftswünsche enthalten sind.

- Ausstellungsdatum und Datum des Ausscheidens stimmen überein (sind kongruent).

Muster für ein schlechtes qualifiziertes Endzeugnis

Zeugnis

Frau Lisa Brunner, geboren am 13.07.1963, war vom 01.12.1998 bis zum 15.07.2005 in meiner Steuerberaterkanzlei als Bürokraft beschäftigt.

In dieser Zeit erstreckte sich ihr Beschäftigungsfeld im Wesentlichen auf folgende Arbeitsgebiete:

– Kopierarbeiten

– Datenerfassung von Finanzbuchhaltung nach System Datev

– Erledigung verschiedenster Büroarbeiten wie Aktenverwaltung, Post, Ablage, Schriftverkehr nach Diktat

Frau Brunner arbeitete mit Sorgfalt und Genauigkeit. Sie hat die ihr übertragenen Aufgaben zu unserer vollen Zufriedenheit erledigt.

Für ihren weiteren beruflichen Werdegang wünsche ich ihr alles Gute.

....

Siegfried Kohl

Oberhausen, den 15.07.2005

- Dieses Zeugnis ist ein schlechtes Zeugnis.

- Es enthält viele Leerstellen. So wird nichts zu ihrem Fachkönnen, ihrer Motivation gesagt.

- Aufgrund der Reihenfolge der aufgezählten Aufgaben (Kopierarbeiten vor Datenerfassung) macht der Arbeitgeber deutlich, dass er das Fachkönnen sehr gering einstuft.

- Es enthält überhaupt keine Aussagen zu ihrem Verhalten gegenüber Vorgesetzten, Kollegen und Mandanten.

- Es wird auch nicht begründet, warum das Zeugnis ausgestellt wird.

- Der Abschluss des Zeugnisses legt den Schluss nahe, dass der Arbeitgeber froh ist, dass sie geht. Es enthält keinen Dank für die geleistete Tätigkeit und keine guten Wünsche für die private Zukunft.

Muster für ein sehr schlechtes qualifiziertes Endzeugnis

Zeugnis

Herr Peter Friedrich, geb. am 16. März 1974, war in der Zeit vom 01. April 1996 bis zum 14. Juli 2004 als Kfz-Spengler in meiner Autowerkstatt beschäftigt.

Zu seinen Aufgaben zählten im Wesentlichen:

- das Lackieren von Karosserieteilen,
- das Auswechseln von Karosserieteilen von Unfallfahrzeugen.

Er hat sich während dieser Zeit bemüht, die ihm übertragenen Aufgaben zu unserer Zufriedenheit auszuführen.

Herr Friedrich verlässt uns auf eigenen Wunsch, um in einem anderen Unternehmen neue Aufgaben zu übernehmen.

Bremerhaven, den 14. Juli 2004

....
Roland Peters

- Dieses Zeugnis ist insgesamt viel zu kurz. Der Aufgabenbereich muss detaillierter beschrieben werden.

- Die Leistungsbeurteilung ist sehr dürftig. Es gibt keine Aussage über Fachkönnen, Motivation.

- Die Verhaltensbeurteilung fehlt vollkommen. Das legt die Annahme nahe, dass es Probleme mit Vorgesetzten, Kollegen und auch Kunden gegeben hat.

- Es wurden ihm keine Steine beim Unternehmenswechsel in den Weg gelegt. Das kann man daraus schließen, dass im Zeugnis weder Dank noch Bedauern noch Anerkennung enthalten sind.

Die Paragraphen im Streit ums Zeugnis

Die folgenden Gesetzestexte bilden die Grundlage Ihrer Ansprüche.

§ 630 Bürgerliches Gesetzbuch (BGB)

Bei der Beendigung eines dauernden Dienstverhältnisses kann der Verpflichtete von dem anderen Teil ein schriftliches Zeugnis über das Dienstverhältnis und dessen Dauer fordern. Das Zeugnis ist auf Verlangen auf die Leistungen und die Führung im Dienst zu erstrecken. Die Erteilung des Zeugnisses in elektronischer Form ist ausgeschlossen. Wenn der Verpflichtete ein Arbeitnehmer ist, findet § 109 der Gewerbeordnung Anwendung.

§ 109 Gewerbeordnung (GewO)

(1) Der Arbeitnehmer hat bei Beendigung eines Arbeitsverhältnisses Anspruch auf ein schriftliches Zeugnis. Das Zeugnis muss mindestens Angaben zu Art und Dauer der Tätigkeit (einfaches Zeugnis) enthalten. Der Arbeitnehmer kann verlangen, dass sich die Angaben darüber hinaus auf Leistung und Verhalten im Arbeitsverhältnis (qualifiziertes Zeugnis) erstrecken.

(2) Das Zeugnis muss klar und verständlich formuliert sein. Es darf keine Merkmale oder Formulierungen enthalten, die den Zweck haben, eine andere als aus der äußeren Form aus dem Wortlaut ersichtliche Aussage über den Arbeitnehmer zu treffen.

Die Paragraphen im Streit ums Zeugnis

(3) Die Erteilung des Zeugnisses in elektronischer Form ist ausgeschlossen.

§ 8 Berufsbildungsgesetz (BBiG)

Den Zeugnisanspruch von Auszubildenden regelt das Berufsbildungsgesetz.

Der Wortlaut des § 8 BBiG:

„Der Ausbildende hat dem Auszubildenden bei Beendigung des Berufsbildungsverhältnisses ein Zeugnis auszustellen. Hat der Ausbildende die Berufsausbildung nicht selbst durchgeführt, so soll auch der Ausbilder das Zeugnis unterschreiben.

Das Zeugnis muss Angaben enthalten über Art, Dauer und Ziel der Berufsausbildung sowie über die erworbenen Fertigkeiten und Kenntnisse des Auszubildenden. Auf Verlangen des Auszubildenden sind auch Angaben zur Führung, Leistung und besondere fachliche Fähigkeiten aufzunehmen."

Tarifvertrag

Darüber hinaus bestehen zahlreiche tarifvertragliche Anspruchsgrundlagen, wie z. B. § 61 BAT.

Literatur

Lucas, Manfred, *Arbeitszeugnisse richtig deuten*, Düsseldorf 2001

Huber, Günter, *Das Arbeitszeugnis in Recht und Praxis*, Freiburg i. Br. 2006

Huber, Günter, *Mein Arbeitszeugnis*, Planegg 2004

Hesse, Jürgen; Schrader, Hans-Christian, *Das perfekte Arbeitszeugnis*, Frankfurt a. M. 2006

Schleßmann, Hein, *Das Arbeitszeugnis*, Heidelberg 2004

Stichwortverzeichnis

Abschlussformulierungen
60 f.
Anwalt 100 ff.
Arbeitsbescheinigung 11, 87
Arbeitsergebnis 48 ff.
Arbeitsgericht 96 ff.
Arbeitsstil 46
Arbeitsweise 47
Arbeitszeugnis, einfaches 10,
20 ff., 111
Arbeitszeugnis, qualifiziertes
10, 24 ff., 116 ff.
Auffassungsgabe 44
Ausbildungszeugnis 10, 30,
75, 112
Ausstellungsdatum 24, 63
Ausweichtechnik 14

Belastbarkeit 44
Berichtigung des Zeugnisses
93
Beurteilungsspielraum 12

Denkvermögen 45

Eigeninitiative 52
einfaches Arbeitszeugnis 10,
20 ff., 111
Einleitung 29

Fachkönnen 42

Fachwissen 43
Form, äußere 16
Formfehler 18
Formulierung 33
Führungsbeurteilung 58
Führungskompetenz 71
Führungskräfte 65
Führungsleistung 65, 68
Führungsstil 69, 71

Geheimcode 78
Geheimsprache 14
Geheimzeichen 81
Gerichtskosten 98
Gesamteindruck 15

Informationspolitik 70

Klage 97
Kündigung in gegenseitigem
Einvernehmen 62

Leerstellentechnik 14, 28
Leistungsbeurteilung 39, 94
Leistungsmängel 77

Mitarbeiterführung 65

Noten 104 ff.

Paragraphen 122 ff.
Persönlichkeitsrecht 86

Praktikumszeugnis 76
Problemlösungsfähigkeit 44

qualifiziertes Arbeitszeugnis
10, 24 ff., 116 ff.

Reihenfolgetechnik 14, 28

Schadenersatzansprüche 96
Schlussformulierung 59 ff.
Sozialverhalten 56

Tätigkeitsbeschreibung 35
Tätigkeitsbeschreibung, ein-
faches Arbeitszeugnis 23
Teilzeit 33

Überschrift 29 f.
Unterschrift 23
Urteilsvermögen 45

Verhaltensbeurteilung 56

Weiterbildung 38

Zeugnisarten 10
Zeugnisberichtigungsan-
spruch 94
Zeugnismuster 111 ff.
Zeugnissprache 11
Zeugnistabus 76 f.
Zeugniswahrheit 12
Zufriedenheitsskala 54
Zuverlässigkeit 48
Zwischenzeugnis 10 f., 72,
113
Zwischenzeugnis, Anspruch
91

Den Job will ich haben!

Lernen Sie aus den Fehlern anderer. Sie sind live dabei, wenn Bewerber sich vorstellen oder Erstkontakte am Telefon knüpfen. Jede Situation wird vom Personalexperten analysiert und bewertet.

360 Seiten | Broschur | € 16,80 [D]
ISBN 978-3-448-08615-7

Auf CD-ROM:

▸ Bewerberquiz & Bewerbertraining
▸ Hördialoge für das Vorstellungsgespräch
▸ Videotraining für die Bewerbung
▸ Musterbewerbungen und Vorlagen
▸ Einstellungstests von Profis
▸ Gehaltsrechner

Erhältlich in Ihrer Buchhandlung oder direkt beim Verlag:
bestellung@haufe.de　　Tel　0180 / 50 50 440*
www.haufe.de　　　　　Fax　0180 / 50 50 441*

* 0,14 €/Minute. Ein Service von dtms.

Klassische Mythen erklärt

Was bedeutet der Gordische Knoten und was ist mit dem Faden der Ariadne gemeint? Dieses Buch stellt 75 klassische Redensarten vor und zeigt Ihnen, wie Sie diese geschickt und richtig im heutigen Business-Alltag einsetzen. Das ideale Geschenkbuch!

160 Seiten | Broschur | € 12,90 [D]
ISBN 978-3-448-08055-1

Erhältlich in Ihrer Buchhandlung oder direkt beim Verlag:
bestellung@haufe.de   Tel   0180 / 50 50 440*
www.haufe.de   Fax   0180 / 50 50 441*
* 0,14 €/Minute. Ein Service von dtms.